억대 연봉 글로벌 인재들의
**예의 바른 비즈니스 영어**

억대 연봉 글로벌 인재들의
# 예의 바른 비즈니스 영어

초판 1 쇄 발행  2021 년 12 월 20 일
초판 5 쇄 발행  2024 년  8 월 28 일

**지은이**  Hoygo Okada
**옮긴이**  정은희
**펴낸이**  고정호
**펴낸곳**  베이직북스
**주소**  서울시 금천구 가산디지털1로 16, SK V1 AP타워 1221호
**전화**  02) 2678-0455
**팩스**  02) 2678-0454
**이메일**  basicbooks1@hanmail.net
**홈페이지**  www.basicbooks.co.kr
**블로그**  blog.naver.com/basicbooks_
**인스타그램**  www.instagram.com/basicbooks_kidsfriends
**출판등록**  제 2021-000087호
**I S B N**  979-11-6340-054-7   13740

\* 가격은 뒤표지에 있습니다.
\* 잘못된 책이나 파본은 구입처에서 교환해 드립니다.

Hyogo Okada 지음
정은희 옮김

# 억대 연봉 글로벌 인재들의
# 예의 바른 비즈니스 영어

550 English Phrases for Maximum Business Impact

베이직북스

## 비즈니스 영어에는 '절대적인 규칙'이 있다

"영어에 어느 정도는 자신 있었어요. 일상 회화 수준에서는 문제가 없지요. 주변으로부터 영어를 꽤 한다는 말도 들었고, 해외 주재 경험도 있어요. 하지만 글로벌 기업으로 이직했더니, 영어가 전혀 통하지 않더군요. 왜일까요?"

이런 고민을 호소하는 사람이 정말 많습니다. 저 역시 그런 사람 중 한 명이었지요.

대학 때 교환학생으로 유학한 경험도 있고, 졸업 후에는 외국계 컨설팅 기업 액센츄어에서 두 차례나 미국 주재원으로 나가 외국인들과 함께 일했습니다. 무리없이 소통이 가능했지요. 그런데 마이크로소프트 싱가포르로 첫 번째 이직을 하고 나서 처음으로 '지옥'을 경험했습니다.

말이 전혀 통하지 않고, 동료들의 대화에도 끼지 못했습니다. 한 번은 회의를 따라가지 못해 한마디도 하지 못한 채 앉아 있다가 상사에게서 "말 한마디 안 할 거면 회의에 들어오지 마세요!"라는 말을 들은 적도 있습니다. 이러다 해고당하지는 않을까 걱정될 정도였지요.

그 후 딜로이트 컨설팅으로 옮겼을 때도 한국, 태국, 독일 등에서 온 동료들이 계약을 따내며 활약하는 동안 오로지 저만 1년 2개월 동안 아무런 성과를 내지 못하고 자율신경기능 이상 증세까지 겪었습니다. 이제 더 이상 희망이 없다는 생각이 들었을 때, 문득 한 가지 의문이 생겼습니다.

**'난 영어를 못해서 이렇게 고생하는데, 다른 외국인 동료들은 어떻게 일을 잘하고 있는 걸까?'**

그때부터 일을 잘하는 비원어민 동료들을 관찰했습니다. 그러자 그들이 지키고 있는 규칙과 매너, 경어, 배려심 등이 보이기 시작했고, 글로벌 기업에서 살아남기 위해 필요한 영어를 각자 자신만의 방법으로 학습하고 훈련하고 있다는 사실을 알게 되었습니다.

**비즈니스 영어에는 비원어민이 반드시 알아야 하는 '필수 규칙'이 있습니다.**

모국어가 아닌 외국어로 영어를 배운 사람들의 어휘량은 그렇게 풍부하지 않습니다. 그러므로 아래의 두 가지 규칙을 지키면서 적은 어휘량을 최대한 활용해야 합니다.

> ★ 비원어민 비즈니스 영어의 필수 규칙 ★
> **① 활용 가능한 구문을 많이 익힌다.   ② 긍정적이고 정중한 표현을 쓴다.**

이제까지 겪은 '해고의 위기'는 셀 수 없이 많습니다. 이 책에 다 담지 못할 정도지요. 그때마다 동료들에게서 배운 구문을 참고했습니다. 회의에서 한 마디도 하지 못했던 때가 지금은 마치 거짓말처럼 느껴집니다. 이 두가지만으로도 제 삶은 완전히 달라졌습니다.

현재 저는 아시아 총괄 허브가 모여 있는 싱가포르에서 마이크로소프트 본부장으로 근무하고 있습니다. 실력주의로 움직이는 글로벌 사회에서 각지에서 온 외국인들과 함께 일할 정도로 성장했습니다.

## 다양한 구문만 알아도 회화가 쉬워진다!

궁지에 몰릴 때마다 저와 입장이 같은 비원어민들을 관찰했습니다. 그들 역시 영어를 모국어로 쓰지 않지만, 글로벌 사회에서 좋은 성과를 내며 승승장구하고 있었습니다.

가령 그들은 반드시 실현하고 싶은 기획이 있을 때, 성공을 향한 강한 열정과 기대감을 담고 있는 'launch'를 씁니다. 뭔가를 하는 행위를 말할 때도 그저 몸만 움직이는 'do'가 아닌, 계획을 바탕으로 완벽하게 실행한다는 의미의 'execute'를 쓰지요.

일본어에서 "한번 검토해보겠습니다"라는 말은 사실 제안을 거절한다는 뜻입니다. 하지만 글로벌 사회에서는 그런 표현을 쓰지 않습니다. "I can't accept your proposal.(당신의 제안을 받아들일 수 없습니다.)"라며 분명하게 거절 의사를 밝히지요.

주변을 둘러볼수록 많은 동료들이 시행착오를 겪으면서 '비즈니스 현장에서 통하는 회화'의 기술을 익히고 있다는 사실을 깨달았습니다.

틈틈이 상대방의 지지를 얻어내는 구문을 활용하거나 갈등에 휘말릴 위기에서 벗어날 수 있는 현명한 표현을 고민하는 등 눈이 번쩍 뜨이게 하는 중요한 비법이 많았습니다.

앞에서 언급한 비원어민 비즈니스 영어의 필수 규칙 중 ② '긍정적이고 정중한 표현을 쓴다'라는 항목은 의외로 잘 모르는 사람이 많습니다. 업계에서 인정받는 비원어민은 '원어민들이 불쾌하게 여기는 표현'은 절대로 쓰지 않습니다.

그럼 문제를 하나 풀어볼까요? A와 B의 표현에는 어떤 차이가 있을까요?

   A: I have a big problem.     B: I'm facing a big challenge.

A는 '큰 문제를 안고 있다'라는 말을 하고 싶었던 것이겠지요. B 역시 전하려는 의미가 A와 크게 다르지 않을 것입니다. 그럼 이 말을 들은 원어민의 표정은 각각 어떨까요?

   A:         B: ☺

상대방에게 자신이 어려움에 처해 있다는 점을 전달하고 있다는 면에서는 같습니다. 하지만 A는 부정적인 인상을 주는 반면, B는 긍정적인 인상을 줍니다.

하나 더 살펴볼까요? 상대방의 말을 제대로 알아듣지 못했을 때 어떻게 표현해야 할까요?

   A: Once more, please.     B: Sorry?

그럼 각 문장에 대한 원어민의 반응은 어떨까요?

A:                     B: 😊

A에게 보이는 표정이 좋지 않네요. 얼핏 A가 정중하게 부탁하는 것처럼 보이지만, 사실 이 표현은 좋지 않습니다. please를 붙이면 예의 있게 보인다고 생각하는 사람이 많지만, 사실 이 문장은 명령하는 것처럼 들릴 수 있습니다.

**일상생활에서는 별문제 없지만, 비즈니스 현장에서는 반드시 피해야 하는 영어 표현이 있다는 사실을 이제 이해하셨나요?**

이처럼 일상 회화에서는 쓰던 표현을 그대로 비즈니스 현장에서 쓰면 손해를 보게 될 수도 있습니다. 앞의 예시로 본 두 가지 문제를 해결하는 것이 이 책의 목표라고 할 수 있습니다.

상황에 맞는 표현이 떠오르지 않아 난처해지는 경우는 다반사지요. 하지만 걱정하지 마세요. 흔히 마주치는 그런 상황에서 효과적으로 활용할 수 있는 구문을 이 책에서 공부할 예정입니다. 영어가 서툴다는 이유로 업무에서 배제되지는 않습니다. 하지만 영어 실력이 부족하면 아무래도 좋은 인상을 남기기 어렵습니다.

지금까지 영어권 국가에서 살면서 알게 된 점은 비즈니스 영어에서는 '경어'와 '배려', 이 두 가지가 매우 중요하다는 사실입니다. 비영어권의 많은 선배들이 글로벌 사회에 뛰어들어 수많은 시행착오를 겪으면서 그 세계에서 살아남은 비법을 찾아냈지요. 그렇게 찾아낸 비법 중 하나가 바로 '영어의 매너'입니다.

원어민이 쓰면 조금 과하게 보일 수 있는 표현도 비원어민이 쓰기에는 적절할 수도 있습니다.

## 글로벌 현장에서 익힌 비즈니스 회화 필수 구문 엄선

그럼 많은 말을 하지 않아도 의도를 정확하게 전달하는 데 필요한 최소한의 요소는 무엇일까요? 이런 고민을 끊임없이 되풀이하며 **비즈니스 영어가 필요한 사람들이 반드시 알아야 할 구문**을 엄선했습니다. 관련 표현도 풍부하게 실었으니 잘 살펴보시길 바랍니다.

전 세계 곳곳에서 활약하고 있는 비원어민은 열심히 하겠다고 말할 때, 'do the best'를 쓰지 않습니다. 책임감 없는 사람으로 비춰질 수 있기 때문입니다. 또 그들은 모른다고 말할 때, 'I don't know'라고 말하지 않습니다. 의지하기 힘든 사람이라는 인상을 줄 수 있기 때문입니다.

이처럼 이 책에는 글로벌 비즈니스 세계에서 꼭 알아둬야 할 점들이 정리되어 있습니다. 구체적으로 따지자면 셀 수 없지만, 여기 나온 표현들만 익혀도 최소한 글로벌 비즈니스 현장에서 창피당하는 일은 없을 것입니다.

제1장에서는 **'영어에 관한 5가지 오해'**를, 제2장에서는 **'영어 능력자들의 회화 비법'**을 소개합니다. 상세한 설명은 건너뛰고 조금이라도 빨리 실용적인 구문을 학습하고 싶다면, 제3장부터 읽어도 괜찮습니다. 제3장부터는 순서대로 읽어나가면 저절로 어휘력이 향상되도록 설계했으니, 가능한 한 건너뛰지 말고 꼼꼼하게 읽기를 추천합니다.

제3장에서는 **'비즈니스 회화를 할 때 필수적으로 알아야 할 구문'**을 살펴보겠습니다. 인터넷 환경이 좋아지긴 했지만, '말'이 없는 커뮤니케이션은 여전히 상상하기 힘들지요. 우리는 모두 모르는 사이로 태어났지만, 점차 타인과 관계를 맺으며 살아가지요. 그리고 그 과정에서 언어는 큰 역할을 합니

다. 타인에게 먼저 말 걸기를 힘들어하는 사람이나 인간관계를 넓히고 싶은 사람들이 유용하게 활용할 수 있는 구문을 공부할 예정입니다. 직장에서 나누는 일상 회화나 회의는 물론이고 회사 밖에서 나누는 대화에서도 깊은 인상을 남기는 것이 중요합니다. 그럴 때는 어떤 표현을 써야 하는지 알아보겠습니다.

제4장에서는 **'곤란한 상황에 처했을 때, 현명하게 대처하는 방법'**에 대해 학습할 것입니다. 비즈니스 현장에서는 문제나 갈등이 생기는 상황이 빈번히 일어날 수밖에 없습니다. 하지만 자신의 사정을 제대로 설명하지 않으면, 문제는 더 복잡해지고 갈등은 더 깊어집니다. 모국어로도 힘든 일을 영어로 하는 것은 무척 어렵지만, 이 책이 조금이나마 도움이 되기를 바랍니다. 간혹 분위기에 짓눌려 필요한 말을 하지 못할 때도 있습니다. 그럴 때 유용하게 활용할 수 있는 표현도 익혀보세요. 개인적으로 직접 경험해보고 얻은 노하우이니 분명 도움이 될 것입니다.

제3장과 제4장에 20년 이상 글로벌 비즈니스 현장에서 익히고 배운 영어 표현을 550개로 정리했으니, 필요할 때 적절하게 활용해보시길 바랍니다. 또 앞부분에서 배운 중요 표현이 뒷부분에서 다시 등장하기도 합니다.

언제까지 영어 초보자 딱지를 붙이고 살 수는 없습니다. 글로벌 비즈니스 현장에서 실제로 쓰이고 있는 생생한 표현을 익혀 자신의 능력을 마음껏 발휘해나가기를 바랍니다.

## STAY GOLD!

# CONTENTS

# PART 4   난감한 상황 대처에 유용한 구문 40     *193*

# 이 책의 구성

쉽게 경험하는 상황이지만, 막상 영어로 말하자니 입이 떨어지지 않는다!
뭔가 말을 꺼냈지만, 상대방의 표정이 밝지 않다!
기분을 상하게 만드는 말이라도 했을까 걱정스럽다.
이런 난감한 상황이 일어나지 않도록 도와줄 표현들을 상세한 설명과 함께 소개합니다.

**큐알 코드**
원어민의 실제 발음을 바로
들을 수 있습니다.

**중요 구문**
비즈니스 상황에서 유용하게
쓸 수 있는 표현이나 구문을
소개합니다.

**비즈니스 회화**
실제 대화를 바탕으로, 생생한
현장감을 전달합니다.

> UNIT 1
> 아침 인사로 존재감을 어필한다!

# Good morning!
# How's your life treating you?

안녕하세요! 어떻게 지내세요?

A  Good morning!
   How's your life treating you?

안녕하세요!
어떻게 지내세요?

B  Good morning.
   (It's treating me) Very well.

좋은 아침이에요.
아주 잘 지내요.

A  Yes, you always look so great.

네, 항상 밝은 표정이시네요.

B  Thanks for your kind words.
   You look happy too.

좋게 봐주셔서 감사해요.
당신도 좋아 보이시네요.

A  You're right.

네, 맞아요.

일이 안 풀릴수록 활기차게

커뮤니케이션에 능한 외국인이 인사하는 모습을 보면, 두 가지 포인트가 눈에 띕니다. **첫 번째는 '모르는 사람에게도 친근하게', 두 번째는 '큰 소리로 활기차게'** 인사한다는 점입니다. 외국인들은 엘리베이터에서 모르는 사람을 만나도 밝고 활기찬 목소리로 인사하지요.

46

한때 1년 2개월 동안 '실적 제로'의 늪에서 헤어 나오지 못하던 시기에는 왠지 부끄러운 마음에 사람들과 인사조차 제대로 나누지 못했습니다. 주위 동료들이 큰 계약을 성사시키는 동안 백 건도 넘는 제안서가 물거품이 되었지요. 자신감도 완전히 잃어서 회사에 출근해도 있는 듯 없는 듯 지냈습니다. 동료들과의 교류도 거의 없었으니, 도움을 청할 사람도 고민을 나눌 사람도 없었습니다. 그러니 당연히 슬럼프에서 빠져나오기가 쉽지 않았지요. ○

그런 절망적인 상황에서 빠져나오기 위해 선택한 첫 번째 방법이 바로 '인사'였습니다. 함께 일하는 한국인, 중국인, 태국인들 역시 영어 발음과 억양이 다소 어색했지만, 언제나 자신감 넘치고 당당한 태도로 좋은 성과를 올리고 있었습니다. 그런 동료들을 보면서 활기찬 아침 인사가 친밀한 인간관계의 첫걸음이라는 사실을 깨달았습니다.

그 후로 저는 용기를 짜내어 조금이라도 더 밝고 큰 목소리로 아침 인사를 하기 시작했습니다. 그 사소한 노력이 끝이 보이지 않는 암흑 속에서 저를 구해줄 것이라고 믿었지요. 딱히 할 말이 없는 사람에게도 큰 소리로 "Good morning!" 하고 말을 건 다음, **'How's your life treating you?**(어떻게 지내세요?)'라고 물었습니다. 판에 박힌 표현 "How are you?"가 아니라 굳이 "How's your life treating you?"라고 인사하는 모습이 흥미로운지, 상대방도 웃는 얼굴로 화답했습니다. 그렇게 조금씩 친분을 쌓아 나중에는 많은 이야기를 나누는 사이가 되었지요.

📋 **MORE EXPRESSIONS**

안녕하세요! 어떻게 지내세요?
- Hi! How's it going?
- Good morning! How's everything?
- Hello! How are you doing?
- Good morning! How's life treating you?
- Hello! How's your life been treating you?

**구문 설명**
일상 회화와 어떤 점이 다른지, 비즈니스에 더 적합한 표현과 단어는 무엇인지, 원어민이 들었을 때 어떤 느낌이 드는지, 실제 비즈니스 상황을 통해 상세하게 설명합니다.

**MORE EXPRESSIONS**
한 가지 구문만 반복하지 않도록 다양한 표현을 익힐 수 있습니다.

# PART 1

## 영어에 관한 5가지 오해

전 세계 인구 5명 중 4명은
영어를 못한다!?

전 세계 사람들의 표준이 되는 언어는 영어입니다. 적어도 향후 십수 년 동안은 이런 추세가 바뀌지 않을 것입니다. 2016년 세계경제포럼의 발표에 따르면, 전 세계에서 영어를 구사하는 사람은 약 15억 명으로 추산된다고 합니다.

다시 말해서 **전 세계 인구의 5명 중 4명은 영어를 못한다**는 뜻이지요. 우리 말고도 다양한 국가의 사람들이 영어를 하지 못한다는 사실을 이해할 필요가 있습니다.

2014년 브루킹스연구소 메트로폴리탄 정책 프로그램의 보고서에 따르면, **미국에서조차 10명 중 1명은 영어를 능숙하게 구사하지 못한다**고 합니다. 미국에서도 10명 중 1명이 영어가 서툴다고 하니, 우리의 예상보다 훨씬 더 많은 사람이 영어를 구사하지 못할지도 모르겠네요.

앞에서 언급한 세계경제포럼 보고서를 살펴보면, 영어를 모국어로 사용하는 원어민은 4억 명이 안 된다고 합니다. 즉 전 세계 영어 인구 약 15억 명 중 영어 원어민의 비율은 불과 20% 정도밖에 되지 않는다는 뜻이지요. 나머지 **80%는 영어를 제2 언어로 사용하는 비원어민입니다.**

저는 대학 졸업 후 20년 이상 외국 관련 업무를 맡으며 영어를 일상적으로 써왔습니다. 그리고 외국계 컨설팅회사 딜로이트, 액센츄어(舊앤더슨 컨설팅), 마이크로소프트에서 15개국이 넘는 다국적 외국인들로 구성된 팀을 운영했습니다. 현재 일하고 있는 마이크로소프트 싱가포르에는 60개국 이상의 다양한 국적을 가진 사람들이 일하고 있습니다.

경험에 비추어 봐도 영어를 모국어로 쓰는 원어민은 소수입니다. 싱가포르, 말레이시아, 태국 등의 동남아시아, 한국, 중국, 인도 등의 아시아, 프랑스, 독일, 네덜란드 등 전 세계의 많은 비원어민 외국인들이 영어로 일하고 있지요.

영어 인구의 80%는 비원어민입니다. 비원어민은 문법과 발음이 불완전하지만, 그에 얽매이지 않고 활발하게 소통하고 있습니다. 여러분이 **틀린 문법으로 말하더라도 아무도 신경 쓰지 않습니다. 이것이 비즈니스 영어의 실정**입니다.

일의 성격상 계약서나 기획서, 그에 따른 수많은 자료 등 다소 어려운 문서를 영어로 작성해야 하는 경우가 많습니다. 그래서 매일 여러 동료들과 논의하면서 작성하고 있지요.

그러다 보니 비원어민의 영어가 세계 표준이 되었다는 사실을 체감할 수 있습니다. 분명 원어민은 유창하게 말하며, 발음도 좋고, 다양한 표현을 구사합니다. 하지만 영어로 메시지를 효과적으로 전달하는 비원어민도 셀 수 없이 많지요.

영어를 공용어로 쓰지 않는 나라에서 태어났더라도 영어를 정교하게 구사하며, 전 세계를 무대로 활약하는 리더가 많습니다. 그들의 영어는 원어민의 영어와 분명 차이가 있지만, 자신의 아이디어를 정확하게 전달하며 주변 사람들과 세계를 움직이고 있지요.

이제 영어 인구의 80%는 비원어민이며, 비원어민이 구사하는 영어가 세계 표준이 되고 있습니다. 앞으로 비원어민 인구는 점점 더 늘어나겠지요. 그러므로 원어민처럼 빠르고 유창하게 말할 수 없다는 두려움을 떨쳐버리고, **영어를 실용적으로 활용하는 것을 목표**로 노력해야 합니다.

## 발음과 문법은
## 완벽하지 않아도 된다

초등학교 혹은 중학교 때부터 영어를 공부했지만 아직 회화에 자신이 없어 영어 자체를 회피하는 사람이 많습니다.

싱가포르 사람들은 "OK lah!", "CAN! CAN!" 등 싱글리시(싱가포르식 영어)를 문법이나 발음에 얽매이지 않고 당당하게 말합니다. 인도 사람들의 독특한 'R' 발음 역시 세계적으로 유명하지만, 그에 신경 쓰지 않고 자신의 생각을 명확하게 표현하며 리더십을 발휘하는 사람이 많습니다.

이제 우리는 **영어는 '가능성'이며, '의사소통의 도구'라는 점을 분명히 이해해야** 합니다. 사실 내가 말하는 영어가 맞는지 아닌지는 그 말을 듣는 상대방이 판단할 문제입니다. 설령 발음이 안 좋고, 문장이 세련되지 않더라도 그것을 교정해주는 외국인은 거의 없습니다.

해외에서 근무하면서 느낀 점은 많은 아시아인이 실수를 두려워하지 않고 영어로 말한다는 것입니다. 말레이시아, 인도네시아, 태국, 베트남 등의 동남아시아 사람들 중에는 우리보다 더 낯가림이 심한 사람이 많습니다. 하지만 'R'과 'L'의 발음 차이, 문법 등을 신경 쓰지 않고 적극적으로 영어로 소통하고자 노력합니다. 그래서 동남아시아인들은 각자 모국어의 억양이 강하게 드러나는 영어를 구사하지만, 의사소통에는 문제가 없습니다.

물론 우리 역시 영어를 외면하는 것은 아니지요. 놀랍게도 동남아시아에서 일하다 보면, 미국인이나 영국인, 호주인 등의 원어민들이 '일본인의 영어는 알아듣기 쉽다'라며 칭찬하는 경우가 많습니다.

의무교육으로 영어를 배운 덕분인지 억양과 발음이 안정적이라는 평을 듣습니다. 비즈니스 현장에서는 쓰지 않는 표현을 걸러내야 하는 문제가 있긴 하지만, 동남아시아 사람들의 억양이 강한 영어보다 정중하게 말하며, 문법상의 실수도 적습니다.

발음과 문법을 완벽하게 구사해야 한다는 강박은 일종의 원어민에 대한 콤플렉스이자 영어교육에서 온 트라우마입니다. 그런 속박에서 벗어나야 **발음과 문법이 완벽하지 않아도 타인과 소통할 수 있다는 사실을 직접 실감할 수 있습니다.**

## 영어 능력이 부족한 사람도 차별하지 않는다

최근 몇 년 동안 해외의 대기업들은 다양성과 포괄성을 자주 언급하고 있습니다. 예전에는 주로 인종 차별에 대한 논의가 많았지만, 요즘은 인종, 국적, 성별, 연령, 장애, 성 정체성, 종교, 문화 등을 뛰어넘어 모두가 평등해야 한다고 주장하는 목소리가 점차 커지고 있습니다. 그리고 그 차별 금지의 대상에는 **영어 능력이 부족한 사람**도 포함됩니다.

가령 제가 근무하는 회사에서는 영어가 서툰 사람을 차별하는 사람은 인정받지 못합니다. 영어를 못하는 사람이 전 세계에 많다는 사실을 이해하고, 비원어민을 차별하지 않고 존중하는 것은 당연한 일입니다. 어느 누구도 같은 사람은 없습니다. 경험, 전문 분야, 가치관 등이 다양한 사람이 만나 각자의 지혜를 모아야 무한한 가능성의 길이 열린다는 인식이 전 세계에 널리 퍼지고 있습니다.

지금 비즈니스 세계에서는 일인칭 'I'가 아닌 'we' 혹은 'one team'의 중요성이 커지고 있습니다. 우리 동양인들이 점점 더 일하기 쉬운 환경으로 변하고 있다고 할 수 있지요. 이런 이점을 최대한 활용해야 합니다. 발음이나 문법이 아니라 상대방에게 얼마나 깊은 인상을 남기는지가 중요하다는 사실을 잊지 마세요.

# PART 2

## 영어 능력자들의 회화 비법

대부분의 싱가포르 사람들에게는 영어가 제1 언어지만, 간혹 '싱글리시', 즉 독특한 싱가포르식 영어가 들리기도 합니다. 언뜻 들으면 영어임을 알아차리기 힘들 정도지요. 그래서 싱가포르의 학교나 TV 방송에서는 싱글리시를 쓰지 않고, 유려한 발음의 영어를 사용하고 있습니다.

실제로 회사에서 직원을 채용할 때도 아시아 최고 수준의 싱가포르 대학교를 졸업했음에도 싱가포르식 영어를 구사하는 사람보다는 그다지 유명하지 않은 호주의 대학교를 졸업했더라도 정확한 영어를 구사하는 사람을 더 선호하는 경향이 있습니다.

어느 나라든 방언보다는 표준어를 구사하는 사람이 호감을 얻기 쉽지요. 저역시 액센츄어에 입사했을 때, 관서 지방의 사투리가 듣기 거슬린다는 지적을 받아 표준어를 연습한 적도 있습니다. 하지만 영어로 소통하는 세계에서는 유려한 발음뿐만 아니라 영어권의 상식도 익혀야 합니다. 싱글리시를 구사하는 사람이라도 **상대방을 배려하며 정중하게 표현하는 사람은 좋은 평을 받습니다.**

호주 혹은 영국에서 유학하여 발음이 완벽한 싱가포르인들이 활약하는 모습을 봐온 저는 영어 발음이 좋아야 글로벌 비즈니스에서 성공할 수 있다고 생각했습니다.

하지만 지금 돌이켜보면, 그 생각은 영어 발음에 자신이 없었던 저를 위해 만들어낸 핑계에 불과했습니다. 싱가포르에서 여러 국적의 사람들과 일하며 인정받는 유능한 비원어민들을 보면서 **상대방을 배려하고 정중한 커뮤니케이션이 가능한 사람이 인정받는다**는 사실을 깨달았습니다.

다른 나라의 상식을 익힌 사람들은 서로 다른 사고방식을 존중하고, 나와는 다른 인종과 문화, 종교에 관심을 가지며, 추후에 언급할 '성장형 사고(Growth Mindset)'를 갖추고 있습니다.

영어의 세계에 뛰어든다는 말은 자국에서 벗어나 15억 명이 살아가는 세계로 뛰어든다는 말과 같습니다. **헤아릴 수 없는 다양성을 경험하면서 'Trust(신뢰)'와 'Respect(존중)'를 익히는 것이 매우 중요합니다.**

사람은 누구나 믿을 수 있는 사람과 협력하고, 자신을 존중하는 사람을 돕고 싶어 합니다. 그런 일을 가능케 하는 신뢰 관계를 만들어야 하지요. 그러기 위해서는 매일 이루어지는 커뮤니케이션에서 독선적인 태도를 버리고 항상 상대방에 대한 배려와 정중한 태도를 잃지 말아야 합니다.

> 늘 존중과 배려의 자세를
> 잃지 않는다

영미권 사람들은 과도하게 친근한 어투로 말한다고 생각하는 사람이 많습니다. 그 대신 섬세함이 부족하다고 오해하는 사람도 있지요. 영어 역시 다른 언어와 마찬가지로 경어와 정중한 표현이 있습니다. **글로벌 비즈니스 환경에서 일하기 위해서는 이러한 표현에 관해 제대로 알고 있어야 합니다.**

상하 관계, 수직 관계를 우선시하는 사회에서는 상대방의 연령이나 지위가 자신보다 높은지 낮은지에 따라 표현이 달라집니다. 하지만 영어를 쓰는 현장에서는 모두가 평등하다는 전제하에 서로가 서로에게 정중한 표현을 씁니다. 설사 상사라 하더라도 부하 직원에게 명령조로 말하는 것은 좋지 않습니다. 연령이나 성별에 상관없이 상대방이 어떤 사람이든 정중하게 말합니다.

다시 말해 우리는 **경어와 정중한 표현을 잘 활용하여 상대방을 향한 경의와 배려의 마음을 전하는 커뮤니케이션을 목표로 해야 합니다.**

외국인들은 우리의 편견과는 달리 상대방을 대하는 태도에 세심하게 주의를 기울입니다. 특히 일을 잘하는 사람일수록 능숙한 영어 실력을 바탕으로 시간, 장소, 상황에 적절한 어휘와 표현을 섬세하게 고르지요.

일을 할 때는 얼마나 효과적으로 주변 사람들을 내 편으로 끌어들일 수 있는지가 중요합니다. 이 점을 잘 이해했다면, 어떤 어휘로 어떻게 말해야 할지 고민하면서 자신의 영어 표현을 다듬어보세요.

## 자신의 생각을 분명하게 말한다

해외에서 살다 보면 외국인들은 일본인보다 훨씬 더 말을 많이 한다는 사실을 깨닫게 됩니다. 그들은 다른 사람과 자신의 의견이 다른 것을 자연스럽게 받아들이고, 그 차이에서 새로운 가치관이 생겨날 수 있다고 생각합니다. 그래서 '자신이 주변 사람들에게 어떻게 비칠지', '주변 사람들에게 맞춰줘야 하는 것은 아닐지' 등에 신경 쓰지 않고, **타인과의 차이를 자신의 강점이나 매력으로 여기고 당당하게 자기 생각을 밝힙니다.**

그렇다고 해서 협조성을 경시하지도 않습니다. 외국에서도 '**하나의 팀으로 협력하여 최대의 성과를 내는 것**'을 중요하게 생각합니다.

타인과 다르다는 사실을 인정한다고 해도 독선적인 의견은 환영받을 수 없습니다. 각자의 개성을 존중하면서 건설적으로 의견을 나눠야 합니다. 서로 적극적으로 의견을 내고 토론하면서 논의를 활성화해야 하지요.

사람들 앞에서 당당하게 영어로 자신의 생각을 표현하고 싶다면, 남들과 다른 발음, 억양, 어투를 부끄러워하지 말고 단지 '차이'일 뿐이라고 생각하세요. 영어를 아주 잘하는 사람이 주변에 있더라도 피하거나 부끄러워하지 말고 자신의 의견을 분명하게 전달하세요.

## 실패가 실력을 키운다

글로벌 비즈니스 환경에서 실패는 환영을 받습니다. 일하는 목적은 더 좋은 성과를 내기 위해서입니다. 실패하지 않는 사람은 도전하지 않는 사람으로 여겨질 수 있습니다.

액센츄어 재직 시절, 매니저로서 처음으로 채용 면접 심사를 맡은 적이 있습니다. 당시 상사가 '지원자들이 지금까지 어떤 실패를 겪었는지 확인해보라'고 조언해줬습니다. 그리고 실패한 경험, 괴롭고 힘든 시련을 겪어보지 못한 사람은 채용하지 말라고 말했습니다.

액센츄어뿐만 아니라 딜로이트 컨설팅, 마이크로소프트에서도 같은 말을 들었습니다. 사실 실패는 누구에게나 일어날 수 있습니다. 중요한 것은 새로운 일에 과감하게 도전하는 경험, 특히 실패의 원인을 찾아 그 점을 개선하고 다음 도전을 이어나갈 수 있도록 끊임없이 배우고 익히는 **성장형 사고**입니다.

급격하게 변하고 앞이 보이지 않는 세계에서 살아남아야 하는 현대 사회에서는 성장형 사고가 매우 중요합니다. 그래서 글로벌 기업은 대부분 이런 성장형 사고를 갖춘 인재를 원합니다.

저도 많은 실패를 겪었습니다. 싱가포르에서 일을 시작할 당시에는 영어로 소통하는 데 어려움을 겪어 고민이 이만저만이 아니었습니다. 하지만 그런 경험이 토대가 되어 지금은 세계 어디서 어떤 사람을 만나든 대화할 수 있다는 자신감이 생겼습니다.

딜로이트 컨설팅에 다닐 때도 1년 2개월간 깊은 절망에 빠져 있었습니다. 당시 싱가포르를 중심으로 아시아 전역에서 일본계 기업의 톱매니지먼트 영업을 담당하고 있었습니다. 보통은 파트너 혹은 디렉터라고 불리는 베테랑들이 하는 컨설팅 영업을 30대 초반의 나이에 도전한다는 자부심이 넘쳐났습니다. 하지만 막상 뚜껑을 열어 보니 작은 거래 한 건조차 계약하지 못했지요.

잔뜩 주눅 든 채 싱가포르에서 말레이시아 쿠알라룸푸르까지 혼자 비행기와 버스를 타고 절박한 심정으로 고객사를 방문한 적도 있습니다. 자신감도 완전히 잃고 자율 신경 기능 이상의 증세까지 보였습니다. 원인을 알 수 없는 두통에 시달렸고, 사람들 앞에 서면 말문이 막혔습니다. 그 상태가 지속된다면 사회인으로 살아가기 힘들어질 것이라는 공포까지 느꼈습니다.

이렇듯 많은 실패를 경험한 탓에 지금은 외국인만으로 구성된 부서에서 싱가포르를 중심으로 한국, 일본, 호주, 뉴질랜드의 라이선스 감사 업무의 책임자로 일하고 있습니다.

좌절해도 포기하지 않고 꾸준히 노력해서 작은 성공 경험을 쌓아나가면, 어느 날 문득 자신이 크게 성장했음을 실감할 수 있습니다. 그리고 더 이상 실패를 두려워하지 않게 되지요. 영어 환경에서 일하는 것도 마찬가지입니다. 저는 20년 이상 일하면서 이런 마음가짐을 다질 수 있었습니다. 지금은 제 자신이 주체가 되어 원어민 부하 직원들과 함께 일하며, 원어민 고객들을 만나 자유롭게 소통하고 있습니다. **글로벌 비즈니스 환경에서 일하면서 여러 번 영어의 벽에 부딪혔지만, 부단한 노력으로 영어 실력을 갈고닦았습니다.**

영어를 배우는 것은 미지의 세계를 개척하는 것과 비슷합니다. 새로운 일에 도전했을 때, 실패가 따르는 것은 당연합니다. 저 역시 아직도 영어를 말할 때 실수를 하곤 합니다. 비원어민이 영어로 말할 때 실수하고 실패하는 것은 당연합니다. 실수하고 난 뒤 부끄러움과 절망감을 느낄 수도 있지만, 그런 감정을 두려워하지 말고 많은 실패와 실수를 경험해보시길 바랍니다.

## 이해하기 힘들 때는 사소한 것도 확인한다

영어 공부를 하려면 자신의 의견을 분명하게 전달하는 것뿐만 아니라 다른 사람의 말을 이해하지 못했을 때 적절하게 질문하는 자세도 중요합니다. 같은 국적의 사람끼리 대화할 때도 간혹 상대방의 말을 이해하기 어려울 때가 있습니다. 싱가포르에서는 많은 사람이 영어를 제1 언어로 쓰지만, 회의 중에도 "Sorry?(뭐라고 하셨나요?)"라는 말이 자주 들립니다.

"하나를 들으면 열을 안다"라는 속담이 있지요. 마치 듣는 사람은 상대방이 말하는 내용 전부를 이해해야 한다는 말처럼 들립니다. 하지만 현실에서는 그렇지 않습니다. 다양한 국적, 종교, 언어가 혼재되어 있는 글로벌 세계에서는 가치관도 다양하여, **'듣는 사람이 제대로 이해하지 못한 것은 말하는 사람이 의견을 전달하는 의무를 다하지 못했기 때문'**이라고 여깁니다. 그래서 듣는 사람은 망설이지 않고 질문하지요.

실제로 해외에서 진행되는 세미나나 회의에서는 '저런 것까지 질문해도 되나' 싶을 정도로 사소한 것들을 질문하는 사람들이 있습니다. 회의의 목적이나 끝나는 시간까지도 물어보지요.

'듣는 사람이 이해하지 못하는 것은 말하는 사람의 책임'이라는 서구식 사고방식을 알게 되면서부터 저 역시 망설이지 않고 질문하기 시작했습니다. 영어를 쓰는 자리가 아니더라도 질문하는 일이 늘었지요. 그러다 간혹 주변 사람들에게서 "저도 몰랐는데, 물어봐주셔서 도움이 됐어요."라는 감사 인사를 받는 경우도 생깁니다.

"물어보면 그 순간에만 부끄럽지만, 묻지 않으면 평생 부끄러움으로 남는다"라는 말도 있듯이 자신만이 아니라 주변 사람들에게도 도움이 될 수 있으므로, 이해하지 못한 부분이 있다면 주저하지 말고 질문하세요.

> 영어가 서툴수록
> 선제적으로 말한다

전 세계의 많은 사람들이 자신의 능력을 활용하여 각자에게 주어진 일을 하며 살아갑니다. 자기 혼자만 유능하다고 해서 일을 잘할 수 있는 것도 아닙니다. 서로 다른 국적의 사람들이 잘 어울려 일할 수 있도록 해야 합니다. 목적을 분명하게 정하고 사람들을 움직이는 리더십이 필요하지요.

**영어 회화에 어려움을 느끼는 비원어민은 오히려 선제적으로 자신의 의견을 말해야 합니다.** 다른 사람보다 먼저 말하면, 대화의 주도권을 갖게 됩니다. 선제적으로 말하기 위해서는 준비도 필요합니다. 리더십이라고 해서 거창한 것이 아니라 사람들 앞에 나서서 논의의 방향성을 제시하고 활성화시키는 능력을 의미합니다.

저는 항상 '**첫 번째로 말하려고**' 노력합니다. 설령 첫 번째가 아니더라도 **최소한 세 번째 순서 내에는 발언하려고** 애씁니다. 보통은 가장 마지막에 말하는 사람이 의견을 종합하고 정리한다고 평가받지만, 외국에서는 단순히 정리만 해서는 인정받지 못합니다. 선제적으로 논의를 활성화하고 해결책을 도출해야 리더십을 인정받을 수 있습니다.

예전에는 영어로 말하는 것만으로도 벅차서 사람들 앞에 나서서 회의를 진행하는 것은 꿈도 꾸지 못했습니다. 하지만 놀랍게도 용기를 짜내서 몇 번 도전해보니, 그 압박감도 익숙해졌습니다. 이처럼 자신을 다그치는 노력은 주변 사람들도 알아봐줍니다. **비원어민이 영어로 말하고자 애쓰는 모습을 응원하고 인정해줍니다.**

영어 실력이 부족해도 망설이지 말고, 자신의 장점과 지식을 최대한 활용하면서 의견을 전달하는 등 선제적으로 행동하세요. 그래야 영어로 소통하는 환경에서도 리더십을 발휘할 수 있습니다.

영어로 자신의 생각을 표현하기 위해서 항상 머릿속에 새겨둬야 할 점이 있습니다. "High Contents, Simple, Short and Slow"입니다. '**높은 수준의 내용을 간단한 어휘로 짧게, 천천히 말한다**'라는 뜻입니다.

상사나 멘토에게서 들은 수많은 조언 중 가장 큰 도움이 됐던 말은 '단문으로 말하라'입니다. 긴 문장으로 말하면 지적인 인상을 줄 수 있다고 믿는 사람이 많지만, 그것은 큰 착각입니다. 실제로 자신감 넘치는 인상을 주고, 자기 생각을 분명하게 전달하는 것은 단문입니다. 심지어 단문은 장문보다 세련된 이미지를 심어줍니다.

특히 영어권에서 활약하는 시니어 리더들에게 긴 문장으로 산만하게 질문하면, 자신의 귀중한 시간을 빼앗는 무능한 사람이라는 딱지가 붙게 됩니다. 제가 들은 조언 중 하나는 질문하기 전에 머릿속에서 여러 번 글로 써본 뒤 **중복되는 문장은 지우고, 필요한 말만 최소한으로 남겨** 물어보라는 것이었습니다.

함께 일하는 인도 출신의 상사는 사회인이 되기 전까지 인도를 벗어나 본 적이 없어 외국인과 대화해볼 기회가 없었다고 합니다. 하지만 지금은 전 세계의 책임자로서 일하고 있습니다. 영어가 모국어는 아니지만, 세계를 무대로 리더십을 발휘하고 있는 사람의 조언이라서 마음에 깊이 남아 있지요. 높은 수준의 질문을 꼭 필요한 말로만 간략하게 그리고 천천히 말하면, 결과적으로 타인의 신뢰와 동시에 만족스러운 답변을 얻게 됩니다.

비원어민들은 영어 문장을 길게 쓰는 사람이 곧 영어 실력이 좋은 사람이라고 생각하는 경향이 있습니다. 그래서 영어를 잘하는 사람일수록 긴 문장을 쓰려고 하지요. 하지만 문장이 길어지면, 실수하기 쉬워집니다. 영어로 소통해야 하는 환경에서 비원어민은 불리한 입장에 설 수밖에 없습니다. 그러니 위험성을 조금이라도 줄여야 하지요. **위험 요소를 늘리지 말고, 짧은 문장으로 분명하게 자기 생각을 전달하도록 노력해보세요.**

## 3C와 Structured Communication

예전에 제가 맡은 글로벌 프로젝트가 순조롭게 진행되지 않던 적이 있었습니다. 저는 그 이유가 '저의 영어 실력이 부족해서'라고 생각했지요. 그러자 당시 상사가 이런 말을 했습니다.

"자네의 영어 실력은 충분하네. 하지만 일이 잘되지 않는 이유는 하고 싶은 말을 정확하게 하지 못하기 때문이지. 또 이야기를 잘 전달하지 못하는 이유는 자신의 의견이 명확하지 않기 때문이야."

영어 실력보다 저의 의견과 표현 방식, 그리고 생각 자체가 명확하게 정리되지 않았다는 뜻이었습니다. 그리고 그다음에 이어진 말은 저의 영어관에 큰 영향을 끼쳤습니다.

"비원어민인 우리는 세련된 영어를 구사할 필요는 없어. 자신이 하고 싶은 말을 전하는 데 중요한 요소는 **'Clear**(명확한)**', 'Crisp**(간결한)**', 'Concrete**(구체적인)**'**야. 이 3C를 생각하면서 말해보게. 다시 말해 비원어민의 영어에는 **'Structured Communication**(논리적이고 구조적으로 알아듣기 쉽게 전하는 커뮤니케이션 능력)**'이 필요해."

그는 아시아 전역의 업무 책임자로 활약하는 리더로, 저에게 큰 영향을 준

상사 중 한 명입니다. 그런 그도 한때는 '무슨 말을 하는지 모르겠다'라는 지적을 수없이 받았다고 합니다. 'Structured Communication'을 생각하면서 연습에 연습을 거듭하여 마침내 글로벌 리더의 자리에 오르게 되었다는 이야기를 듣고, 저 또한 용기를 얻었습니다.

상사의 말을 듣고 나서 저는 더 이상 영어 실력이 부족하다는 핑계를 대지 않고, 'Structured Communication'을 마음에 새겼습니다. 영어로 해야 하는 프레젠테이션이나 회의 전에 말할 내용을 정리하고 질문도 미리 준비했으며 생각을 간결하고 논리적으로 전달하는 연습을 했습니다.

비원어민은 영어 원어민처럼 깔끔하고 세련된 영어를 구사하기 어렵습니다. 하지만 효과적인 전달 방법은 있습니다. 제3장과 제4장에서는 비즈니스 환경에서 통용되는 유용한 구문들을 소개할 예정입니다. 'Structured Communication'을 염두에 두고 그 구문들을 연습한다면, 회화 실력이 크게 성장할 것입니다.

# PART3

비즈니스

회화의

필수 구문

49

# 출근 직후,
# 아침 정보전을 지배하라!

● 오전에는 회사 동료들과 얼굴을 마주할 기회가 많지요. 그때 나누는 대화는 매우 중요합니다. 자칫하다가는 말 한마디 하지 않고 하루가 끝날 수도 있으니 먼저 적극적으로 말을 걸어야 합니다.

# Good morning!
# How's your life treating you?

안녕하세요! 어떻게 지내세요?

A  Good morning!
How's your life treating you?

안녕하세요!
어떻게 지내세요?

B  Good morning.
(It's treating me) Very well.

좋은 아침이에요.
아주 잘 지내요.

A  Yes, you always look so great.

네, 항상 밝은 표정이시네요.

B  Thanks for your kind words.
You look happy too.

좋게 봐주셔서 감사해요.
당신도 좋아 보이시네요.

A  You're right.

네, 맞아요.

일이 안 풀릴수록 활기차게

커뮤니케이션에 능한 외국인이 인사하는 모습을 보면, 두 가지 포인트가 눈에 띕니다. 첫 번째는 '모르는 사람에게도 친근하게', 두 번째는 '큰 소리로 활기차게' 인사한다는 점입니다. 외국인들은 엘리베이터에서 모르는 사람을 만나도 밝고 활기찬 목소리로 인사하지요.

한때 1년 2개월 동안 '실적 제로'의 늪에서 헤어 나오지 못하던 시기에는 왠지 부끄러운 마음에 사람들과 인사조차 제대로 나누지 못했습니다. 주위 동료들이 큰 계약을 성사시키는 동안 백 건도 넘는 제안서가 물거품이 되었지요. 자신감도 완전히 잃어서 회사에 출근해도 있는 듯 없는 듯 지냈습니다. 동료들과의 교류도 거의 없었으니, 도움을 청할 사람도 고민을 나눌 사람도 없었습니다. 그러니 당연히 슬럼프에서 빠져나오기가 쉽지 않았지요.

그런 절망적인 상황에서 빠져나오기 위해 선택한 첫 번째 방법이 바로 '인사'였습니다. 함께 일하는 한국인, 중국인, 태국인들 역시 영어 발음과 억양이 다소 어색했지만, 언제나 자신감 넘치고 당당한 태도로 좋은 성과를 올리고 있었습니다. 그런 동료들을 보면서 활기찬 아침 인사가 친밀한 인간관계의 첫걸음이라는 사실을 깨달았습니다.

그 후로 저는 용기를 짜내어 조금이라도 더 밝고 큰 목소리로 아침 인사를 하기 시작했습니다. 그 사소한 노력이 끝이 보이지 않는 암흑 속에서 저를 구해줄 것이라고 믿었지요. 딱히 할 말이 없는 사람에게도 큰 소리로 "Good morning!" 하고 말을 건 다음, **"How's your life treating you?**(어떻게 지내세요?)"라고 물었습니다. 판에 박힌 표현 "How are you?"가 아니라 굳이 "How's your life treating you?"라고 인사하는 모습이 흥미로운지, 상대방도 웃는 얼굴로 화답했습니다. 그렇게 조금씩 친분을 쌓아 나중에는 많은 이야기를 나누는 사이가 되었지요.

### 📄 MORE EXPRESSIONS

안녕하세요! 어떻게 지내세요?

- Hi! How's it going?
- Good morning! How's everything?
- Hello! How are you doing?
- Good morning! How's life treating you?
- Hello! How's your life been treating you?

3-1-2

# How's your work going?

일은 잘되시나요?

A: How's your work going? 일은 잘되시나요?

B: Thankfully, I just closed a big deal last week. 다행히도 지난주에 큰 거래를 마무리 지었어요.

A: Congratulations! What was it? 축하해요! 어떤 일이었어요?

B: This was one of the biggest deals of my career. 제 경력 중에서 가장 큰 일이었어요.

A: That's great. Sounds fantastic! 잘됐네요. 정말 대단하세요!

아침 대화에는 많은 정보가 숨어 있다

많은 직장인은 동료들과 아침 인사를 나눈 후, 가벼운 잡담을 즐기지요. 하지만 저와 함께 일하는 한국, 인도, 중국, 말레이시아 등 다양한 국적의 사람들은 아침부터 자신의 업무 이야기나 해외의 비즈니스 관련 이슈, 타사의 동향 등을 공유합니다.

아침부터 꽤 진지한 이야기를 나누는 모습을 보고, 한번은 "아침부터 무슨 그런 진지한 이야기를 하고 있어요?"라고 물어본 적이 있습니다. 그랬더니

한 친구가 "알아두면 좋잖아요"라고 답하더군요. 그 말에 살짝 놀랐습니다. '그냥 궁금한 걸 편하게 물어봐도 되나?' 하는 의문이 들었지요.

그 후로 저는 꼭 "Good morning!" 뒤에 **"How's your work going?** (일은 잘되시나요?)"이라는 말을 덧붙였습니다. 그러면서 자연스럽게 대화의 초점을 경쟁사의 최신 동향이나 고객사에 관한 정보로 돌렸지요. 물론 자기 위주로 질문 공세를 펼쳐서는 안 됩니다. 대화는 캐치볼과 같습니다. 한쪽이 계속 공을 잡고 있으면 안 되지요. 서로를 위한 배려가 바탕이 되어야 양쪽 모두 즐거운 대화를 나눌 수 있습니다. 그리고 배려 없는 사람과 중요한 정보를 공유하고 싶어 하는 사람은 별로 없겠지요.

"Good morning! How's your life treating you?(안녕하세요! 어떻게 지내세요?)" 라고 인사한 뒤에는 "How's your work going?"을 덧붙여, **마치 잡담을 나누듯 가벼운 어조**로 말을 걸어보세요. 밝은 표정과 친근한 태도로 화제를 꺼내면, 업무와 관련된 다양하고 유용한 정보를 얻을 수 있습니다.

중요한 것은 영어 실력이 아닙니다. **우리에게 필요한 것은 영어에 자신이 없더라도 밝은 인사에 한마디를 더하려는 노력**입니다. 대화 속에서 어떤 정보를 얻을 수 있을지 모르니, 자료를 검색하듯이 상대방의 말에 주의를 기울이세요.

### 📋 MORE EXPRESSIONS

일은 잘되시나요?

- How is your work?
- How are things with work?
- How is your work getting along?
- How's your business going?
- How are things going at your company?

UNIT 3
먼저 시간이 있는지 물어본다

# Do you have a minute?

잠깐 시간 좀 있으세요?

A: **Do you have a minute?**

잠깐 시간 좀 있으세요?

B: **Of course. But I have a meeting 10 minutes later.**

물론이에요. 10분 후에 회의가 있긴 하지만요.

A: **No problem. So, let me quickly ask you about your deal.**

괜찮습니다. 체결하신 거래에 관해 잠시 여쭤보고 싶은 게 있어서요.

B: **Sure. I spent over 1.5 years and finally closed it.**

네. 1년 반 이상 걸려 결국 그 거래를 성사시켰어요.

A: **Wow. That's amazing!**

우와. 대단하시네요!

상대방에게 선택권을 주는 질문

외국에서는 재택근무, 텔레워크가 활발하게 이루어지고 있어 출근해도 사람을 만나기 어려운 날이 있습니다. 상황이 그렇다 보니 **누군가와 만나서 나누는 1~2분간의 짧은 대화가 중요한 정보를 얻는 기회가 되기도 합니다.** 나아가 이야기를 더 자세히 듣고 싶거나 부탁할 일이 있어 상대방에게 시간을 더 구해야 할 때가 있습니다. 그럴 때는 "**Do you have a minute?**(잠깐 시간 좀 있으세요?)"라고 정중하게 말을 꺼내 보세요.

이야기를 더 하고 싶다고 말하면, 상대방은 거절하기 미안해집니다. 그래서 이 질문이 꼭 필요합니다. 상대방에게 '이야기를 더 나누고 싶지만, 시간이 없어서 힘들겠다'라는 선택지를 주는 정중한 표현이지요. **비즈니스 영어에서는 상대방에게 선택권을 주지 않는 질문은 상당히 무례하다고 여겨집니다.** 영어 회화의 기본 매너임을 꼭 새겨두세요.

이 질문은 전화 통화를 할 때도 유용합니다. 같은 사무실에서 서로 얼굴을 볼 수 있는 사이에도 갑자기 전화를 걸지 않습니다. 상대방이 급한 일을 처리하고 있을지도 모르니 먼저 메신저로 "Do you have a minute?"라고 물어보세요. "OK"라는 답변을 받고 난 뒤 전화를 거세요.

저도 부탁할 일이 생기면 "Do you have a minute?" 구문을 자주 씁니다. 그래서인지 거절당하는 일은 거의 없습니다. "When in Rome, do as the Romans do.(로마에 가면 로마법을 따르라.)"라는 말처럼 영어 회화의 매너에 익숙해져야 합니다.

### 📋 MORE EXPRESSIONS

잠깐 시간 좀 있으세요?

- Do you have a moment?
- Are you free right now?
- Are you available to talk?
- Can I have a quick chat?
- Can we talk now?

# Could you explain that in more detail?

더 자세하게 설명해주실 수 있나요?

A: **Could you explain that in more detail?**　더 자세하게 설명해주실 수 있나요?

B: **Certainly. I couldn't do this without the team members.**　그럼요. 이 일은 팀원들 없이는 불가능했을 거예요.

A: **Oh, really?**　아, 그래요?

B: **Yes, it was really a team effort.**　네, 팀 전체가 정말 노력했어요.

A: **Sounds very interesting!**　아주 흥미로운 이야기네요!

　　　업무 이야기로 인맥을 만드는 법

우연한 기회로 상사나 동료에게서 새로운 정보를 들었을 때, 잠시 나눈 대화만으로는 그 지식을 자신의 것으로 만들 만큼 깊이 이해하기 어렵습니다. 핵심적인 내용만 대략적으로 듣기 때문이지요.

확실하게 이해하기 위해 더 자세한 정보가 필요할 때는 "**Could you explain that in more detail?**(더 자세하게 설명해주실 수 있나요?)"라고 구체적인 설명을 요청하세요. 회사 조직은 기본적으로 상하 관계로 이루어지기 때문에, 어떤 부서의 누가 어떤 일을 하는지 대략적으로만 아는 경우가 많습니다.

특별히 관심을 기울이지 않으면 사내 부서 체계조차 잘 모를 수도 있으므로, 다양한 사람에게 업무 내용이나 근황을 물어보며 어떤 부서가 어떤 일을 담당하고 있는지 파악합니다. 이런 정보는 문제가 생겼을 때나 새로운 프로젝트를 시작할 때 활용할 수 있습니다.

마이크로소프트와 딜로이트에서 근무하는 **비원어민은 사내외의 인맥 구축을 중요하게 여깁니다.** 사내 혹은 사외의 사람들을 적극적으로 만나고 항상 상대방에게 관심을 가집니다. 업무 내용, 근황, 새로운 거래 등에 관한 자세한 정보를 확인하면서 자기 일에 도움이 되는 견문을 넓힙니다. 장기적인 관점에서 보면, 주변 사람들의 업무와 관심 분야에 관한 깊이 있는 대화가 현재 하고 있는 일뿐만 아니라 앞으로 할 일의 성공에도 도움이 됩니다.

📑 **MORE EXPRESSIONS** ─────────────────────────

더 자세하게 설명해주실 수 있나요?

- Could you be more specific?
- Could you tell me more?
- Could you go into more detail?
- Could you explain that a little further?
- Could you give some information?

**UNIT 5**
따로 시간을 확보하는 법

# Could I see you sometime this week?

이번 주 중 언제 한번 뵐 수 있을까요?

A: **If you don't have time now,** could I see you sometime this week?

지금 시간이 없으시면, 이번 주 중 언제 한번 뵐 수 있을까요?

B: **Why not?**
**I'll be available this Friday.**

그럼요.
금요일에 시간이 됩니다.

A: **How about 2 pm Friday afternoon?**

금요일 오후 2시가 어떠신가요?

B: **Sounds good.**

좋아요.

A: **OK. See you then.**

네, 그때 뵙죠.

따로 시간을 내서 확실하게 배운다

일상 업무나 새로운 거래 등 다른 사람에게서 배우고 싶은 점이 있다면, 앞에서 말한 대로 "Do you have a minute?(잠깐 시간 좀 있으세요?)"으로 5~10분 정도 상대방과 이야기를 나눌 수 있습니다. 하지만 그래도 시간이 부족할 때는 "**Could I see you sometime this week?**(이번 주 중 언제 한번 뵐 수 있을까요?)"라는 말로, 따로 시간을 내달라고 부탁할 수 있습니다.

따로 시간을 내서 만나면, 그저 사내에서 '아는 사이'였던 관계가 친밀한 신뢰 관계로 바뀝니다. 서서 잠깐 이야기만 나누는 사이라면, 상대방이 난감한 상황에 처하더라도 굳이 자기가 나서서 도와주지는 않을 것입니다.

유럽과 미국 계열의 많은 회사에는 멘토링 제도가 있습니다. 저 역시 이 제도를 적극 활용하고 있습니다. 국적에 상관없이 여러 사람에게 조언을 구하면, 다양한 국가의 여러 분야에서 일하는 사람들에게 많은 것을 배울 수 있습니다. 그리고 멘토와 만날 약속을 할 때, "Could I see you sometime this week?"라는 표현을 유용하게 씁니다.

**'내가 누구를 아는지'가 아니라 '누가 나를 아는지'가 중요합니다.** 도움이 필요할 때 손을 내밀어줄 사람이 여러 분야에 있다면, 자기 혼자의 힘으로는 불가능한 일도 해낼 수 있겠지요. 단순한 인맥 관리가 아니라 인재 관리가 필요한 이유입니다.

### 📑 MORE EXPRESSIONS

이번 주 중 언제 한번 뵐 수 있을까요?

- Could you talk about another opportunity this week?
- Could we meet again this week when you have a chance?
- Are you available sometime this week?
- Is there a good time for us to get together this week again?
- Is it possible to see you again this week?

# 동료들과의
# 교류를 중시하라!

● 　　　　　사내 동료들과 교류를 많이 하는 사람은 좋은 성과를 낼 수 있습니다. 자주 만나지 않는 사이라면 어색할 수 있지만, 상대방이 하고 싶은 말에 귀를 기울이면 편하게 이야기를 시작할 수 있습니다.

**UNIT 1**
"Long time no see!" 대신 쓸 수 있는 말

# Great to see you again!

오랜만에 뵙네요.

A: **Hello!**

안녕하세요!

B: **Hi! Nice to see you again!**

안녕하세요! 오랜만이에요!

A: **Great to see you again!
How have you been?**

오랜만에 뵙네요!
어떻게 지내세요?

B: **I'm fine. Thanks.**

잘 지냅니다. 고마워요.

A: **That's great!**

다행이네요!

---

**적극적인 인사로 거리감을 좁힌다**

'큰 목소리로 활기차게' 하는 것이 인사의 기본이지만, 오랜만에 만난 사람에게는 **특히 더 크고 활기찬 목소리로 인사해야** 합니다. 대개 미국이나 유럽 사람보다 아시아 사람이 수줍음을 많이 탄다고들 하지요. 그렇게 알고 있더라도 오랜만에 만났을 때 보이는 반응이 소극적이면, 그다지 반가워하지 않는다는 인상을 줄 수 있습니다.

그래서 **오랜만에 만났을 때는 다소 지나치다 싶을 정도로 반가운 감정을 표현하는 것이 좋습니다.** 그래야 두 사람의 관계가 친밀하다는 점을 상대방에게

인지시켜줘 거리감을 좁힐 수 있습니다. 앞으로도 계속 친밀한 관계를 유지하고 싶다면, 적극적인 반응을 보여줘야 합니다. 저 역시 예전에는 감정 표현에 소극적이었지만, "Practice makes perfect.(연습이 완벽함을 만든다.)"라는 말을 믿고 꾸준히 노력했습니다.

참고로 "Long time no see!(오랜만이야.)"는 편한 친구 사이에 쓰기에는 괜찮지만, 비즈니스로 얽힌 관계에서 쓰기에는 적절하지 않습니다.

| ○ | Great to see you again! | 비즈니스 현장에서 쓰기 적절한 인사말 |
| X | Long time no see! | 격식에 매이지 않는 편한 사이에 쓰기 적절한 인사말 |

회사 동료라도 친구처럼 편한 사이라면 친근한 말로 거리감을 좁힐 수 있지만, 일반적인 비즈니스 회화에서 "Long time no see!"는 상대방이 지나치게 스스럼없이 자신을 대한다는 느낌을 줍니다. 여러 번 만나 친해진 고객이라도 이런 표현은 자제하는 편이 좋습니다.

"Long time no see!" 대신 쓸 수 있는 비즈니스 회화 표현에는 **"Great to see you again!", "It's nice to see you again.", "It's been a while."** 등이 있습니다. 아무리 친구처럼 편하게 느껴지더라도 고객에게는 경의를 나타내는 표현을 씁니다.

**처음 만났을 때는 'meet'을, 두 번째 만남부터는 'see'를 씁니다.** 의외로 이 사실을 모르는 사람도 많으니 꼭 기억해두고 적절하게 쓰시길 바랍니다.

두 번째 만남에서 무심코 "Great to meet you again."이나 "Nice to meet you again."이라고 하면, 이전의 만남을 기억하지 못한다는 오해를 받을 수 있습니다.

반대로 처음 만난 사람에게 "Happy to see you."라고 인사하면, 상대방은 이전에 만난 적이 있었는지 기억을 더듬으며 혼란스러워하겠지요. 단순히 'meet=만나다'라고만 알고 있으면, 이런 혼란을 일으킬 수 있습니다.

'가까운 사이일수록 예의를 지켜야 한다'라는 말이 있지요. 그와 비슷한 의미의 영어 속담도 있습니다. "A hedge between keeps friendship green. (사이에 울타리가 있어야 우정이 유지된다)"입니다. 아무리 사이가 좋더라도 고객이나 상사에게는 존중의 마음을 담은 표현을 써야 합니다.

---

📃 **MORE EXPRESSIONS** ─────────────

오랜만에 뵙네요.
- It's been a while.
- Nice to see you again.
- It's a pleasure to see you again.
- I haven't seen you for a long time.
- It has been a long time since I've seen you.

## UNIT 2
"So so."를 쓰지 않는 이유

# I've been doing great!
아주 잘 지내고 있어요!

A: **It's been a while!**  오랜만이에요!

B: **Great to see you again.**  오랜만에 뵙네요.
**How have you been keeping?**  어떻게 지내세요?

A: **I've been doing great!**  아주 잘 지내고 있어요!

B: **That's awesome.**  다행이네요.

A: **Thanks.**  고맙습니다.
**Everything is going very well.**  모든 일이 잘되고 있어요.

---

밝게 인사해야 하는 이유

누군가 "How are you?(어떻게 지내세요?)"라고 물으면, 대부분은 "(I'm) Fine. Thank you. And you?(잘 지냅니다. 고마워요. 당신은 어떠세요?)"라고 답하지 않나요?

학교에서도 "How are you?"에는 "Fine."이나 "Good."이라고 답하라고 배웁니다. 어떤 책에는 "So so.(그저 그래요.)"라고 답하는 예시도 실려 있습니다. 문법상으로는 맞지만, 회화에서는 추천하고 싶지 않습니다. 부정적인 인상을 줄 수 있기 때문이지요.

비즈니스 현장에서는 항상 '긍정적인 표현을 쓰는 것이 기본'입니다. 인사를 나눈 후에는 어두운 주제로 이야기하더라도 대화의 시작은 가능한 한 밝아야 합니다. 그런데 갑자기 "So so."라고 답하면, 상대방은 여러분의 일이나 신변에 큰 문제가 생겼을지도 모른다는 불안감을 느끼게 됩니다.

지나칠 정도로 밝게 인사한다

대화는 대부분 "How are you?"로 시작하므로, 굳이 어두운 분위기에서 이야기를 시작할 필요는 없습니다. 저는 열정적이고 긍정의 에너지가 넘치는 사람이 호감을 준다고 믿기 때문에, 최대한 밝게 **"I've been doing great!**(아주 잘 지내고 있어요!)" 혹은 **"I'm excellent!**(정말 좋아요!)"라고 답합니다. 가끔 지나치게 밝은 모습에 놀라는 사람도 있지만, 대부분은 유쾌하게 받아주며 무엇보다 저의 존재가 그들에게 깊이 각인됩니다.

나아가 "I've been doing great!"라는 표현은 단지 자신의 컨디션만 말하는 것이 아니라 '의욕이 넘쳐 무슨 일이든 할 수 있을 것'이라는 인상을 줍니다. 누구든 생기 없이 무기력해 보이는 사람에게 호감을 느끼지는 않습니다.

한때 1년 2개월 동안 이어진 무실적 상황에서 탈출하려고 결심했을 때도 의도적으로 긍정적인 표현을 쓰기 시작했습니다. 마음은 우울하고 무거웠지만, 오랜만에 만난 사람에게 "I've been doing great!"라며 잘 지내고 있는 체했습니다. 이때 **"I've been"**을 쓰면, 현재 순간뿐만 아니라 지금까지 죽 **잘 지내왔음**을 뜻하지요.

밝은 표정과 활기찬 모습만으로도 주위에 사람들이 모입니다. 사람이 모이면, 새로운 고객, 새로운 기획으로 이어지는 정보를 얻을 수 있습니다. 하지만 상대방의 기분까지 좋아지게 한다고 해서 거짓말을 해서는 안 됩니다.

거짓이 아닌 범위 내에서 유쾌하고 여유로운 모습을 보여주면 대화의 분위기가 고조됩니다.

### 📑 MORE EXPRESSIONS

아주 잘 지내고 있어요!

- I've been awesome!
- I've been excellent!
- I've been super great!
- I've been doing fantastic!
- Better than ever!

**UNIT 3**
상대방의 근황을 물어본다

# Do you have any great news?

좋은 일이라도 있나요?

A: **You look so great.**
Do you have any great news?

기분 좋아 보이시네요.
좋은 일이라도 있나요?

B: **Luckily, I received a company award for salesperson of the year.**

운 좋게도 '올해의 영업 사원상'을 받게 됐어요.

A: **Well done! Congratulations!**

정말 잘됐네요! 축하합니다!

B: **I closed the biggest sales deal for our new strategic products in the company.**

회사에서 새로 나온 전략 상품으로 가장 큰 거래를 성사시켰거든요.

A: **Wow. That sounds so exciting!**

와! 정말 흥미로운 이야기네요!

---

상대방이 하고 싶은 말이 무엇인지 파악한다

지나가다 마주쳐서 잠시 대화를 나눌 때는 두 가지를 생각해야 합니다. 첫 번째는 앞에서도 말했듯이 '자신의 근황을 긍정적인 말로 전할 것'이고, 두 번째는 '나누는 대화가 상대방에게 유쾌한 기억으로 남게 할 것'입니다. 대화가 무르익으면 기분이 좋아집니다. 그래서 사람들은 상대방에 관한 화제를 꺼내며 상대방이 편하게 이야기할 수 있도록 세심하게 신경 씁니다. 하지만 사실은 자기 자신도 하고 싶은 이야기를 가득 갖고 있지요.

**상대방이 뭔가 묻는다면, 같은 질문을 자신에게도 해달라는 신호**로 볼 수 있습니다. 근황을 묻는다면 자신에게도 근황을 물어봐달라는 뜻이며, 가족의 안부를 묻는다면 자기 가족의 안부도 물어봐달라는 의미입니다.

### 유쾌한 대화를 나누기 위해서는

일방적으로 자기가 관심 있는 정보만 캐묻는다면, 상대방이 그 대화를 유쾌하게 생각할 리 없습니다. 시간을 낭비했다고 생각할지도 모르지요. 하지만 상대방이 말하고 싶어 하는 화제를 끌어내면, 대화가 무르익고 분위기가 좋아집니다. 유쾌한 대화를 통해 친분을 쌓으면, 만날 때마다 필요한 정보에 관해 물어봐도 상대방은 여러분과의 대화를 즐겁고 알차다고 여길 것입니다.

"**Do you have any great news?**(좋은 일이라도 있나요?)" 혹은 간단하게 "**Any great news?**"라고 말하며, 상대방이 지금 가장 하고 싶은 이야기를 교묘하게 끌어냅니다.

'news'라는 말을 들으면, 무의식적으로 최근에 일어난 일 중 자신에게 의미 있는 사건이 무엇인지 머릿속에서 찾습니다. 이 '**news**'라는 말이 끌어낸 이야깃거리는 바로 그 사람이 말하고 싶어 하는 화제이므로, 대화가 풍성해집니다.

예를 들어, "**Luckily, I received a company award for salesperson of the year.**(운 좋게도 '올해의 영업 사원상'을 받았어요.)"같은 큰일부터 "**My boss commended me, so I feel pretty good about myself right now.**(상사에게 칭찬을 받아서 지금 기분이 좋네요.)"처럼 소소한 일까지 좋은 소식을 알려줄 것입니다.

이런 상대방의 좋은 소식에, "**What brilliant news!/What great news!**(정말 좋은 소식이군요!)", "**Really!?/Did you!?/Are you!?**(정말이에요!?)"라며 축하의 말을 건네고 분위기를 고조시킵니다.

상대방이 어떤 이야기를 하고 싶어 하는지 잘 모를 때는 "Do you have any great news?" 구문을 활용하여 **직접 화제를 이끌어낼 수 있습니다.**

대화가 발전하면, 단순히 인사만 해서는 알 수 없었던 정보를 얻을 수도 있습니다. **궁금한 점을 알기 위해서는 상대방의 감정을 세심하게 살피고 맞춰가면서 화제를 이끌어내 대화를 풍성하게 발전시켜야** 합니다.

📑 **MORE EXPRESSIONS**

무슨 일 있으세요? 기분 좋아 보이세요.
- What happened? You look so good!

좋은 일이라도 있나요?
- Something good happen?
- Did something great happen?
- Do you have any interesting news?
- Any interesting news lately?

# What was the key success factor?

성공의 결정적인 요인이 뭐였나요?

A: What was the key success factor?

성공의 결정적인 요인이 뭐였나요?

B: In a nutshell, the reason for the success is customer selection.

간단하게 말하면, 성공할 수 있었던 이유는 고객 선별이에요.

A: Could you explain that in more detail?

더 자세하게 설명해주실 수 있나요?

B: We implemented a new customer selection approach with AI and Machine Learning.
So, we identified really great potential customers.

AI와 머신러닝을 활용해서 새로운 고객을 선정했어요.
그래서 상당히 훌륭한 잠재 고객을 알아낼 수 있었죠.

A: That's great news!
Tell me more!

흥미로운 이야기네요!
더 자세히 말해주세요!

동료들의 성공 경험이나 효과적인 업무 방식을 참고하여 성공 경험을 쌓는 것은 매우 중요합니다. 특히 영어 환경에서 일한다면, 다양한 외국인의 성공담뿐만 아니라 국제 비즈니스의 흐름, 트렌드 등을 알 수 있는 기회도 얻습니다.

이런 정보의 유용성을 잘 이해하고, 상대방의 업무 방식을 자세하게 알고 싶다면 "**What was the key success factor?**(성공의 결정적인 요인이 뭐였나요?)"라고 물어보세요.

사람은 원래 자신의 무용담을 말하고 싶어 합니다. 하지만 자랑으로 비칠 수도 있어 자기 입으로 먼저 꺼내지 않으려고 하지요. 그러니 일부러 'key success factor(결정적 성공 요인)'라는 단어를 통해 **상대방이 자연스럽게 성공담을 이야기하도록 유도합니다.** 그러면 상대방은 부끄러워하면서도 **기분이 좋아져 자세하게 이야기해줄 것입니다.**

성공담은 원래 결과를 중심으로 소문나므로, 그 과정과 자세한 상황은 알기 어렵습니다. 하지만 당사자가 비밀로 묻어두려 하지만 않는다면, 존경을 표하면서 관심을 보이는 사람에게 기쁜 마음으로 유용한 정보를 줍니다.

**질문하지 않으면 누구도 말해주지 않습니다.** 자세하게 파고드는 질문을 해야 얻을 수 있는 정보도 있습니다. 망설이지 말고 끊임없이 질문해야 하는 이유입니다.

상대방의 이야기가 본격적으로 시작되면, "**And then?**(그래서요?)", "**And then what?**(그래서 어떻게 됐나요?)", "**Tell me more!**(더 자세하게 말해주세요!)", "**What did you do differently?**(무엇을 다르게 하셨어요?)" 등의 표현을 적

절하게 활용하여 이야기를 즐겁게 듣고 있음을 보여줍니다. 그렇게 **대화가 점점 발전하다 보면, 다른 사람들은 모르는 성공 노하우와 기술도 들을 수 있습니다.** 성장하기 위해서는 자신이 추구하는 목표를 이미 달성한 사람들에게 그 노하우를 배워야 합니다. 많은 이야기를 듣고 성공을 위한 지혜를 쌓으세요.

'Key Success Factor'는 줄여서 KSF로도 씁니다. 같은 의미인 'Critical Success Factor'의 약어 CSF도 자주 씁니다. 이런 표현도 자유자재로 쓸 수 있도록 연습해보세요.

📑 **MORE EXPRESSIONS**

어떻게 성공할 수 있었어요?
- What went well?
- What things went well?
- How did you manage these successes?

성공의 결정적인 요인이 뭐였나요?
- What was the Critical Success Factor?

어떻게 성공했는지 알려주실 수 있나요?
- Could you explain to me what things went well?
- Could you explain to me how you managed this success?

# On the other hand, what things didn't go well?

그런데 어떤 것이 잘 안됐나요?

A: **Thanks for sharing the key success factor.**

결정적인 성공 요인에 대해 말씀해 주셔서 감사해요.

B: **My pleasure.**
**I hope my story is useful to you.**

저도 즐거웠어요.
제 얘기가 도움이 됐으면 좋겠네요.

A: On the other hand, what things didn't go well?
**If possible, I'd like to know how you have overcome failures.**

그런데 어떤 것이 잘 안됐나요?
가능하면 실패를 극복하신 방법도 알고 싶어서요.

B: **Of course. I failed a lot and made many mistakes.**
**I'd be happy to help you!**

네. 전 실패도 많이 했고 실수도 많았어요.
도움을 드릴 수 있어 기쁘네요.

A: **I really appreciate your kind help!**

친절하게 말씀해주셔서 정말 감사해요!

### 실패 경험을 듣고 같은 실수를 피한다

"Every failure is a stepping stone that leads to success.(모든 실패는 성공으로 향하는 디딤돌이다.)"이라는 영어 속담도 있듯이, 성공의 이면에는 헤아릴 수 없는 실패가 있습니다. 위대한 과학적 발견 뒤에는 수많은 실험의 실패가 있었음을 우리는 잘 알고 있습니다. 그런데도 타인의 성공담을 들으면, 흉내 내기만으로 자신도 성공할 수 있으리라고 착각하기 쉽습니다.

성공한 사람은 성공 요인이라며 이런저런 방법을 소개하지만, 대개는 결과론으로 흐르기 쉽습니다. 다양한 시도를 해본 뒤 우연히 떠오른 아이디어가 결실을 맺은 것에 지나지 않습니다.

다른 사람의 성공 사례를 흉내만 내서는 대부분 같은 결과를 얻기 어렵습니다. 중요한 점은 '어떤 실패를 얼마나 겪었는가?' 하는 문제입니다. 성공한 사람은 많은 시행착오를 겪으면서 성공 방법을 찾은 것입니다. 그러니 그만큼의 실패를 경험하지 않으면, 성공에 도달하기 어렵습니다.

### 성공을 위한 질문의 기술

성공하기 위해서는 **많은 실패 사례를 알아보고 같은 실수를 하지 않도록 노력해야** 합니다. 그래서 "What was the key success factor?"라는 질문으로 동료들에게 성공 비법을 물어본 뒤, "**On the other hand, what things didn't go well?**(그런데 어떤 것이 잘 안 됐나요?)"을 덧붙여 실패 경험도 들어보는 것이 중요합니다.

'투자의 신'이라고 불리며 세계 3대 투자가 중 한 명인 워런 버핏은 이런 말을 했습니다.

"It's good to learn from your mistakes. It's better to learn from other people's mistakes.(자신의 실수에서 뭔가를 배우는 것은 좋은 일이다. 다른 사람의 실수를 통해

배우는 것은 더 좋은 일이다.)"

성공 경험에 관해 묻고 답을 듣는 것은 비교적 쉽지만, 다른 사람의 실패 경험이나 고생한 이야기를 듣기는 조금 어렵습니다. 상대방에게 존경과 동조의 마음을 표현하면서 듣고 싶은 부분이 무엇인지 진지하게 질문하며 이야기를 끌어내보세요.

마이크로소프트의 창업자 빌 게이츠 역시 실패에 대해 이런 말을 했지요.

"It's fine to celebrate success but it is more important to heed the lessons of failure.(성공을 축하하는 것도 좋지만, 실패가 주는 교훈에 귀를 기울이는 것이 더 중요하다.)"

다른 사람의 실패에서 미리 배우면, 자신이 언제 무엇을 할지 행동의 범위가 정해집니다. 타인의 실패나 실수를 안다고 해서 모든 실수를 피할 수는 없습니다. 하지만 어떤 어려움이 있을지 미리 아는 사람과 모르는 사람은 대처 방식에서 차이를 보입니다. 영어를 배우기 위해서라도 여러 국적의 외국인들을 만나 다양한 실패담을 들어보세요.

📄 **MORE EXPRESSIONS** ─────────────

실패로 끝난 일이 있나요?
- What things ended in failure?

어떤 문제가 있었나요?
- Did you have any kind of trouble?
- What problems have you encountered?

어떤 일이 가장 힘들었나요?
- What is the thing that you struggled with the most?

어떤 문제들을 해결해왔나요?
- What major challenges have you overcome?

## 현명하게
## 권유 · 부탁하는 방법

● 　　　　　사람들은 대부분 타인에게 친절합니다. 그래서 머릿속 으로는 '가벼운 마음으로 부탁해보자' 하면서도 정말 괜찮을지, 거 절당하면 어떻게 할지, 걱정이 앞서지요. 그럴 때 유용한 표현에는 어떤 것이 있을까요?

## CHAPTER 5

# Do you have any plans after this?

이후에 뭔가 일정이 있나요?

(일정이 없는 경우)

A: Do you have any plans after this?    이후에 뭔가 일정이 있나요?

B: **I was very busy with my work, but now I feel comfortable.**    일 때문에 너무 바빴는데, 이제 좀 여유가 생겼네요.

A: **You told me about futsal.**
**I'd like to ask you about it in more detail.**
**Can we have a talk over lunch?**    풋살에 관해 말씀해주신 적이 있지요. 더 자세하게 여쭤보고 싶어서요. 같이 점심이나 하면서 이야기 나눌 수 있을까요?

B: **Sure.**    좋습니다.

A: **Great. Let's meet in front of the elevator at 12:00.**    잘됐네요. 12시에 엘리베이터 앞에 서 만나요.

(일정이 있는 경우)

A: Do you have any plans after this?    이후에 뭔가 일정이 있나요?

B: **I have to leave right now and won't be back to the office till this evening.**    지금 나가봐야 하는데, 저녁때까지 는 사무실로 돌아오지 못할 거예요.

A: I see. You told me about futsal. I'd like to ask you about it in more detail.
Can we have a talk over lunch?

네. 풋살에 관해 말씀해주신 적이 있지요. 더 자세하게 여쭤보고 싶어서요. 같이 점심이나 하면서 이야기 나눌 수 있을까요?

B: Of course. I'm available the day after tomorrow.

물론이에요. 모레쯤엔 가능해요.

A: That's good. Let's meet in front of the elevator at noon.

잘됐네요. 12시에 엘리베이터 앞에서 만나요.

**시간이 있는지 먼저 파악한다**

이 대화에서 눈여겨볼 점은 '업무 중에는 말하지 않는 화제'를 꺼내는 것입니다. 일에 관한 이야기는 회의나 워크숍 같은 느낌을 줄 수 있으므로, 사적인 이야기를 꺼내 자연스럽게 점심을 함께하자고 권합니다.

심리학적으로 맛있는 음식을 먹을 때는 상대방에게 호감을 느끼기 쉽다고 합니다. 게다가 음식을 먹는 중에는 입 안의 감각에 주의를 기울이게 되어 비판하는 능력이 떨어진다고 합니다. 함께 일하는 것보다 같이 식사하거나 커피를 마시는 것이 더 쉽게 관계를 돈독하게 만드는 방법입니다.

글로벌 회사에서는 일과 사생활을 분명하게 구분하기 때문에, 업무 시간 후 회식을 하는 경우가 별로 없습니다. 그래서 **누군가와 편안하게 이야기를 나누고 싶다면, 점심시간이 가장 좋습니다.**

가까운 사이라면 같이 점심을 먹자고 하기가 쉽겠지만, 그다지 친한 사이가 아니라면 거절당할 것을 염두에 둬야겠지요. 이럴 때는 "**Do you have any plans after this?**(이후에 뭔가 일정이 있나요?)"를 활용하면 됩니다.

점심 이야기를 꺼내기 전에 시간이 있는지 물어보면, 거절당할지 아닐지를 대충이나마 예상할 수 있습니다. 직접적으로 함께 점심을 먹자고 말했다가 거절당하면, 다음에 다시 권하기가 망설여지지요. 하지만 거절의 이유가 다른 일정 때문임을 알면, 다음에 다시 말을 꺼내기 쉬워집니다.

### 친한 사이에는 "Let's go to lunch!"도 OK

동료에게 함께 점심을 먹거나 커피를 마시자고 말하려면, 긴장도 되고 무슨 대화를 나눠야 할지 고민하게 되지요. 하지만 글로벌 회사에서는 동료들과 함께 식사하는 것은 자연스러운 일입니다. 오히려 그렇게 하지 않는 사람에게 거리감을 느끼지요. 그러니 자주 동료들과 함께 식사하는 것이 좋습니다.

저도 회사에 가면, 동료와 함께 점심을 먹으려고 약속을 잡습니다. 거절할지도 모르는 사람에게는 앞에서 말한 구문으로, 친한 사이에는 "**Let's go to lunch!/Let's go have lunch!**(점심 먹으러 가요!)"라고 직접적으로 말합니다. 회사에서 먹는 점심은 항상 누군가와 함께하는 것이 좋습니다.

---

📑 **MORE EXPRESSIONS** ─────────────────

오늘 일정이 있나요?
- What are your plans for today?

이후에 뭘 하실 건가요?
- What are you doing after this?

이후에 시간 있으신가요?
- Are you free after this?

이후에 바쁘신가요?
- Are you busy after this?

오늘 바쁘신가요?
- Are you busy today?

3-3-2

# What are you doing tonight?

오늘 밤에 무슨 일정이 있나요?

(일정이 있는 경우)

A: **What are you doing tonight?**      오늘 밤에 무슨 일정이 있나요?

B: **I'm going to a concert.**      콘서트에 갈 예정이에요.

A: **Great! What kind of concert are you going to?**      멋지네요! 어떤 콘서트에 가세요?

B: **I like Jazz music.
So, I'm going to a concert with my friend.**      제가 재즈 음악을 좋아해요.
그래서 친구와 같이 가려고요.

A: **That's so nice.
Have a great time!**      정말 멋지시네요.
좋은 시간 보내세요!

(일정이 없는 경우)

A: **What are you doing tonight?**      오늘 밤에 무슨 일정이 있나요?

B: **I don't have specific plans.
I'll be leaving soon.**      특별한 계획은 없어요.
곧 퇴근할 거예요.

| A: | That's great. How about happy hour? | 잘됐네요. 한잔하실래요? |
|---|---|---|
| B: | Sounds nice. | 좋아요. |
| A: | Let's leave here at 5:30 pm. | 5시 반에 나가시죠. |

### 사이가 친해지면 술자리를 권해본다

앞에서도 말했듯이 외국에서는 기본적으로 회식을 하지 않습니다. 회식 문화는 없지만, 상당히 친한 사이에는 일과를 마친 후 함께 술을 마시러 가기도 합니다. 동료와 친해지면, 적당한 때를 살펴보다가 "**What are you doing tonight?**(오늘 밤에 무슨 일정이 있나요?)"라며 시간이 있는지 먼저 파악합니다.

싱가포르나 서구의 음식점에는 '해피 아워(happy hour)'가 있습니다. 해피 아워는 대략 4시부터 7시까지 비교적 손님이 적은 시간대에 가면 받을 수 있는 할인 서비스를 가리킵니다. 외국인들은 보통 점심시간에만 함께 어울리지만, 모두 함께 술을 마시러 가는 경우도 아주 가끔 있습니다.

### 오래 앉아 있는 것은 피한다

대개 '회식'이라고 하면, 맥주부터 소주까지 잔뜩 마시고 취하는 이미지를 떠올리지만, **외국인들에게 '회식'은 가볍게 마시고 일찍 마무리 짓는 것**을 뜻합니다. 그래서 대부분 해피 아워를 이용해 술집에 가지요. 의미 없이 시간을 질질 끌지 않고, 얼른 마시고 이야기를 나눈 후 각자의 집으로 돌아갑니다.

외국인들은 일과 사생활을 모두 존중합니다. 학교에 아이를 데리러 가는 다소 공적인 일뿐만 아니라 아이 목욕시키기, 아이 재우기, 가족과 저녁 식사 함께하기 등도 반드시 지켜야 할 일이라고 생각합니다. 친구와 술을 마신다는 이유로 배우자에게 대신 아이를 재워달라고 부탁하지 않습니다. 그러므로 상대방을 오랫동안 붙잡아둬서는 안 됩니다. 그들에겐 사적으로 해야 할 일이 있으니 적당한 시간에 집으로 돌아갈 수 있도록 배려해야 합니다.

## 📑 MORE EXPRESSIONS

오늘 밤에 무슨 일정이 있나요?

- What are you up to tonight?
- What are you going to do tonight?
- Do you have plans tonight?
- How are your plans looking tonight?
- What are your plans for tonight?

UNIT 3
'괜찮으시다면'을 영어로 표현하면

# If you wouldn't mind, may I attend the meeting?

괜찮으시다면, 제가 그 회의에 참석해도 될까요?

A: **I see many members from your team. What is happening today?**

당신 팀 사람들이 모여 있는 걸 봤어요. 오늘 무슨 일 있나요?

B: **Now we will have a kick-off meeting for the cloud migration project.**

지금 클라우드 이행 프로젝트에 관한 회의를 시작할 거예요.

A: **If you wouldn't mind, may I attend the meeting?**
**I'd like to participate in the meeting for study purposes.**

괜찮으시다면, 제가 그 회의에 참석해도 될까요?
회의에 들어가서 공부를 좀 해두고 싶어서요.

B: **No problem. It will be a great opportunity for you to understand the project overall.**

물론이에요. 프로젝트를 전반적으로 이해하시는 데 좋은 경험이 될 거예요.

A: **It would be an honor.**

감사합니다.

실력주의로 운영되는 글로벌 회사에서 인정받는 사람들은 사내 세미나나 행사에 적극적으로 참여하여 어떤 일이든 수행할 수 있도록 지식의 폭을 넓히고자 노력합니다. 관심 있는 분야의 회의가 열리면 담당자가 아니라도 참석하고 싶지만, 기밀 정보를 다루기도 하니 회의 주최자는 참가자를 한정할 수밖에 없지요. 그렇게 다소 힘든 일을 부탁할 때는 "**If you wouldn't mind, may I attend the meeting?**(괜찮으시다면, 제가 그 회의에 참석해도 될까요?)" 구문을 활용해보세요.

조금 어려운 부탁을 자신보다 높은 직책의 상사에게 할 때는 특히 더 세심하게 주의를 기울여야 합니다. 부정적인 인상을 주기 쉬우므로 "If you wouldn't mind"와 같이 최대한 정중한 표현을 넣고, "May I attend the meeting?"이라고 물어봅니다.

또 친한 상사나 동료에게 부탁할 때는 '**if possible/if you can**(가능하다면)' 같은 표현을 쓸 수 있습니다. 참고로 저의 멘토 중 마이크로소프트 태국 법인의 전(前) 사장이자 아시아 여성으로서 미국 본사의 임원을 거쳐 현재는 IMB 태국 법인의 사장 겸 인도 및 중국의 임원으로 일하는 사람이 있습니다. 그녀와 만났을 때, "**If you wouldn't mind, may I job shadow you during your visit to Asia?**(괜찮으시다면, 아시아 출장 시 직업 체험을 해도 될까요?)"라고 정중하게 부탁한 적이 있습니다.

'잡 섀도(job shadow)'는 원래 중·고등학생들이 회사에서 일하는 사람을 보며 배우는 직업 체험을 말합니다. 최근 마이크로소프트에서는 사내에서 경험하지 못한 업무를 체험하는 기회를 사원들에게 주고 있습니다. 잘 알지도 못하는 그녀에게 그런 일을 부탁했던 것입니다. 한국, 호주, 일본 등 그녀의 출장에 동행하면서 거의 모든 회의와 행사에 참가했습니다.

메일로 부탁할 때는 "**I would be grateful if you would allow me to attend the meeting.**(회의에 참석하게 해주신다면 감사하겠습니다.)"을 쓰면 됩니다. 'I would be grateful if you would ~(만약 ~해주신다면 감사하겠습니다)' 구문은 비즈니스 메일에서 자주 쓰는 정중한 표현입니다. 뭔가를 부탁할 때 꼭 한번 활용해보시길 바랍니다.

이처럼 **다소 부탁하기 어려운 일을 요청하거나 질문할 때에는 먼저 정중한 표현을 붙여 경의와 배려의 마음을 전해야 합니다.** 그래야 상대방에게 좋은 인상을 남길 수 있습니다

---

**📑 MORE EXPRESSIONS** ─────────────────────

괜찮으시다면, 제가 그 회의에 참석해도 될까요?

- If you don't mind, would you allow me to attend the meeting?
- If it's not too much trouble, would you allow me to attend the meeting?
- If it's all right with you, would you allow me to attend the meeting?
- Let me know if I'm able to attend the meeting.
- Could you please allow me to attend the meeting?

# 첫인사로
# 상대방의 호감을 얻어라!

처음 만나는 사람에게 좋은 인상을 남기는 것은 매우 중요합니다. 첫인상이 상대방에게 좋게 남으면, 일이 순조롭게 진행되기도 하지요. 상대방에게 좋은 인상을 남길 수 있는 유용한 표현을 알아봅시다.

## CHAPTER 6

UNIT 1
기억하기 쉬운 이름을 준비한다

# Call me Hugo, like HUGO BOSS.

HUGO BOSS의 Hugo라고 불러주세요.

A: **Hi, I'm Hyogo Okada. Please call me Hyogo.**

안녕하세요, 전 오카다 효고예요. Hyogo라고 불러주세요.

B: **Hi, I'm Ella Smith. Well, I'm sorry. Can I have your name again?**

안녕하세요, 전 Ella Smith예요. 죄송하지만, 성함을 한 번 더 말씀해 주실 수 있나요?

A: **Hyogo...., I know it's a bit difficult to pronounce my name. Call me Hugo, like HUGO BOSS.**

Hyogo……, 이름을 발음하기가 조금 어려울 거예요. HUGO BOSS의 Hugo라고 불러주세요.

B: **Hugo. I like your name!**

Hugo. 멋진 이름이네요!

A: **Thank you, Ms. Smith!**

고마워요, Smith!

**외국인이 발음하기 쉬운 이름을 준비한다**

자기소개에서는 일단 이름을 기억하게 하는 것이 중요합니다. 서양인에게 동양인 이름은 익숙하지 않아서 대부분 한 번에 알아듣지 못합니다.

이름을 말할 때는 천천히 그리고 정확하게 발음합니다. 그래도 상대방이 알아듣지 못한 표정을 지으면, **본명 대신 기억하기 쉬운 또 다른 이름을 준비합니다.**

예를 들면, 제 이름 '효고' 중 '효'는 외국인들이 발음하기 어려워 여러 번 말해줘도 알아듣지 못할 때가 많습니다. 그럴 때는 독일 브랜드 HUGO BOSS를 언급합니다. **"Call me Hugo, like HUGO BOSS.**(HUGO BOSS의 Hugo라고 불러주세요.)"라며 그들에게 익숙한 이름을 제안하여 기억하기 쉽게 도와줍니다. 만약 '도시유키'라면 'Toshi', '요시히코'라면 'Yoshi'처럼 이름의 일부만 떼어 말해줘도 좋습니다.

한국인이나 중국인의 이름도 외국인에게는 생소해서 대부분은 외우기 쉬운 이름을 준비합니다. 세례명을 쓰거나 봄에 태어나서 'Spring', 재키찬을 좋아하면 'Jackie' 등 원하는 영어 이름을 사용합니다. 인도 사람들은 이름이 길고 읽기가 어려워 외국인들과 자주 접촉하는 사람은 필히 영어 이름을 준비합니다.

### 영어 이름은 친해지기 위한 계기

자신의 본명 중 일부를 활용하든 단순히 좋아하는 단어든 아무거나 상관없습니다. 외국인이 듣고 쉽게 부를 수 있는 이름을 생각해두세요. 그리고 자기소개 후에 **"Call me ○○○.**(○○○라고 불러주세요.)"라는 표현으로 **상대방에게 본인의 이름을 확실하게 각인시킵니다.**

참고로 저는 편한 자리에서는 **"Call me Elvis or Japanese Elvis.**(Elvis, 혹은 일본의 Elvis라고 불러주세요.)"라고 말하기도 합니다. 그러면 대부분의 사람들은 크게 웃지요. 그리고 그만큼 인상에 강하게 남겠지요. 고민 끝에 준비해둔 영어 이름은 첫 만남에서부터 서로 친해질 수 있는 계기가 될 것입니다. **어떻게 하면 상대방의 기억에 남을 것인지 여러분 나름대로 고민해보세요.**

오카다 효고입니다. Hyogo라고 불러주세요.
- I'm Hyogo Okada. Please call me Hyogo.

도시유키입니다. Toshi라고 불러주세요.
- I'm Toshiyuki. But I go by Toshi.

오카다 효고예요. 일본의 Elvis라고 불러주세요.
- I'm Hyogo Okada. Call me Japanese Elvis.

Spring입니다. 생일이 4월이거든요. Spring이라고 불러주세요.
- I'm Spring because my birthday is in April.
  Call me Spring.

Jackie입니다. Jackie Chan을 좋아하거든요. Jackie라고 불러주세요.
- I'm Jackie. I really like Jackie Chan.
  Call me Jackie.

3-4-2

# I'm happy to meet you.

만나서 정말 반가워요.

A: Hello, I'm Hyogo Okada.
Call me Hyogo.

안녕하세요, 오카다 효고예요.
Hoygo라고 불러주세요.

B: Hi, I'm Ella Smith.
It's nice to meet you, Hyogo.

안녕하세요, Ella Smith예요.
만나서 반가워요, Hoygo.

A: I'm happy to meet you, Ms. Smith.

만나서 정말 반가워요, Smith 씨.

B: I'm Chief Information Officer of
the company.

전 CIO(최고 정보관리 책임자)예요.

A: Excellent! I'd love to hear about
your experience as CIO.

대단하세요! CIO로서 겪은 경험담
을 꼭 들어보고 싶네요.

첫인사가 중요한 이유

학교에서는 첫 만남 때 나누는 인사로, "Nice to meet you."를 가르치지요.
물론 그렇게 말해도 되지만, 남들과는 다르게 말하고 싶다면 **I'm happy
to meet you.**(만나서 정말 반가워요.)"라고 하면 됩니다.

물론 반가운 마음을 억양과 표정으로도 표현해야 합니다. 억지로 꾸며낼 필요는 없지만, 첫인상은 매우 중요하므로 긍정적인 감정이 상대방에게 잘 전해져야 합니다.

미국의 심리학자 앨버트 메라비언은 '사람의 첫인상은 만난 지 3~5초 내에 결정된다'라고 했습니다. 찰나의 순간에 첫인상이 정해질 수 있으므로, 항상 긍정적인 말과 밝은 표정을 지어야 합니다.

그때, "**Wow, you look so nice!**(우와, 정말 멋지시네요!)" 혹은 "**I like your suit. You look stylish and professional.**(정장이 멋지네요. 세련되고 전문가처럼 보이시네요.)"등 직접적으로 언급하기에 다소 부끄러운 말도 자연스럽게 내뱉는 사람도 있습니다.

그런 말은 한낱 아첨이 아니라 진심이 느껴지도록 해야 상대방도 기분이 좋아지겠지요. 반드시 필요한 것은 아니지만, **스타일이나 분위기를 칭찬하는 것은 흔히 하는 행동**입니다. 칭찬받아 기분이 좋아지면, 상대방에 대해서도 좋은 인상이 남을 수밖에 없겠지요.

익숙하지 않은 사람은 잊어버리기 쉽지만, 외국에서는 인사를 나누면서 악수하는 것을 매너라고 생각합니다. 자신을 소개하면서 자연스럽게 오른손을 내밀면, 더 좋은 인상을 남길 수 있습니다. 참고로 상대방이 여성이라면, 여성이 악수를 청하기 전까지는 남성이 먼저 손을 내밀지 않는 편이 좋습니다.

첫인사를 할 때, 저는 웃으며 양손으로 상대방의 손을 감싸듯이 악수하면서 반가움을 강렬하게 전하고자 노력합니다. 자칫하면 억지스럽게 보일 수 있어 원어민끼리는 잘 하지 않는 행동이지만, 오히려 비원어민이라는 점을 활용하면 원어민도 크게 신경 쓰지 않습니다.

**'happy'는 긍정적인 감정을 전하는 최고의 말**

처음 만나는 외국인과 첫인사를 할 때 긴장하는 사람들이 있습니다. 영어에 자신이 없으면 긴장감은 더 커지지요. 하지만 지나치게 긴장하면, 표정이 굳고 어두워집니다. 영어 실력이 불안할수록 더 웃는 얼굴로 "I'm happy to meet you."라고 말하세요. **'happy'는 긍정적인 감정을 전하는 최고의 말임**을 잊지 마세요.

### 📄 MORE EXPRESSIONS

드디어 만나게 되어 정말 기뻐요.

- I'm pleased to finally meet you.
- I'm delighted to meet you at last.

오늘 만나서 정말 기쁘네요.

- It's very nice to meet you today.

만나서 정말 기쁘네요.

- It's a great pleasure to meet you.

만나 뵙게 되어 영광입니다.

- It's an honor to meet you.

UNIT 3
최대한 경의를 담아 인사한다

# I finally got to meet you.
# I've heard so much about you.

드디어 만나 뵙네요. 당신에 관한 이야기를 많이 듣고 있어요.

A: I finally got to meet you.
I've heard so much about you.

드디어 만나 뵙네요. 당신에 관한 이야기를 많이 듣고 있어요.

B: I hope it's all good.

좋은 이야기였으면 좋겠네요.

A: Of course, it is.

물론 좋은 이야기죠.

B: Thanks! Happy to meet you.

고마워요! 만나서 정말 반가워요.

A: I've been so impressed by your achievement in the digital transformation of the company. It's an honor to meet you.

디지털 변환과 관련하여 내신 성과에 큰 감명을 받았어요.
만나게 되어 영광이에요.

칭찬을 잘하는 사람이 대화를 잘하는 사람이다

오래전부터 만나고 싶었던 사람을 만나면, **"I finally got to meet you. I've heard so much about you.**(드디어 만나 뵙네요. 당신에 관한 이야기를 많이 듣고 있어요.)"라며 감동과 경의를 담아 인사합니다.

이 말에는 상대방에게 관심을 두고 있었다는 사실과 언젠가 만나기를 바라고 있었다는 사실이 동시에 드러납니다. 게다가 **"Your work is highly praised.**(능력이 뛰어나다고 들었어요.)"라고 상대방에 대한 존경도 표현할 수 있습니다. 어떤 언어를 쓰든 '**칭찬을 잘하는 사람은 대화를 잘하는 사람**'이지요.

이 표현을 듣는 사람은 상대방이 자신을 특별하게 생각한다는 사실에 감동을 받겠지요. 그리고 나아가 관심 분야나 대화하고 싶은 주제에 관해 물어보면, 더 쉽게 친해질 수 있습니다. 하지만 이 표현은 정말 관심을 두고 지켜보며 존경하는 사람에게만 써야 합니다. 아무에게나 쓰면, 입에 발린 말만 하며 돌아다니는 가벼운 사람으로 낙인찍힐 수 있습니다.

무표정한 얼굴로 "I've heard so much about you."라고 하면, 상대방은 어떤 이야기를 들었는지 불안해집니다. 그러니 대화할 때는 긍정적인 표정과 웃는 얼굴로 '좋은 이야기를 듣고 있다'는 분위기를 풍겨야 합니다.

호의적인 감정을 전할 자신이 없다면, **"I've heard a lot of good things about you.**(당신에 관해 좋은 이야기를 많이 듣고 있어요.)"라고 직접적으로 말하는 것이 좋습니다.

그리고 상대방이 "I've heard so much about you."라고 말하면, **"Only good things, I hope.**(좋은 이야기만 들으셨으면 좋겠네요.)"**, "I hope it's not bad.**(나쁜 이야기는 아니길 바랍니다.)"**등으로 답하면 됩니다. 혹은 **"Same here./Likewise.**(저도 마찬가지예요.)"라고 말하는 방법도 있습니다. 어떤 식으로든 서로 칭찬을 주고받는 것이 중요하겠지요.

첫 만남에서 나누는 인사는 첫인상을 결정짓는 중요한 요소입니다. 이 표현을 잘 익혀두면, 내향적인 사람이라도 상대방에게 깊은 존경을 전할 수 있습니다.

자신에 관해 좋은 말을 듣고 있다는 소리를 들으면, 대부분은 싫어하지 않습니다. 어쩌면 단숨에 호감을 살 수도 있겠지요. 긴밀한 관계를 맺고 싶은 사람에게는 꼭 이 표현을 활용해보세요.

## MORE EXPRESSIONS

당신에 관한 이야기를 많이 듣고 있어요.

- I've heard a lot about you.
- I've heard all about you.

당신에 관해 좋은 이야기를 많이 듣고 있어요.

- I've heard a lot of good things about you.

드디어 만나게 되어 정말 반가워요.

- I'm so happy to finally meet you.

여기 와주시기를 기다리고 있었어요.

- I was looking forward to coming here.

3-4-4

# What should I call you?

제가 어떻게 부르면 좋을까요?

A: **I'm happy to meet you, Ms. Smith. What should I call you?**

만나서 정말 반가워요, Smith 씨. 제가 어떻게 부르면 좋을까요?

B: **Please call me Ella.**

Ella라고 불러주세요.

A: **Certainly, Ella!**

네, Ella!

B: **I'm a strategy consultant in ABC Consulting South East Asia.**

전 ABC 컨설팅 동남아시아 지역의 전략 컨설팅을 맡고 있어요.

A: **That's great! If possible, may I know what you have been working on recently?**

대단하세요! 가능하다면, 요즘 어떤 일을 하시는지 말씀해주실 수 있나요?

---

처음부터 이름을 부르는 사이가 되자

외국에서는 친해지면 서로 이름을 부른다는 사실을 잘 알고 있을 것입니다. 실제로 외국인들은 상사나 고객이라도 본인만 허락한다면, 서로 이름을 부르는 경우가 많습니다. 하지만 비즈니스로 처음 만나는 사람이나 손윗사람에게는 'Mr./Ms.'를 붙여 성을 부르는 것이 일반적입니다.

박사학위를 받은 사람에게는 'Dr.'를, 대학교수에게는 'Professor'를 성 앞에 붙입니다. 비영어권 사람들은 큰 차이를 느끼지 못하지만, 영어 원어민들에게는 매우 중요한 부분이라고 합니다.

예전에 박사학위를 받은 사람과 함께 일한 적이 있습니다. 저는 그를 내내 'Mr.'라고 불렀는데, 어느 날 문득 그가 "Dr.입니다."라고 말하더군요. 회의가 한창 진행 중임에도 언급할 정도로 신경이 쓰였던 모양입니다. 그러나 대부분은 직책에 상관없이 자신을 소개할 때, "Please call me David." 등 이름으로 불러 달라고 말하므로 크게 걱정할 필요는 없습니다.

### 친해지는 시간을 줄이는 방법

만약 호칭에 대해 아무 말도 듣지 못했다면, 'Mr./Ms./Dr./Professor'를 철저하게 붙여 부르는 것이 좋을지, 아니면 친근하게 이름을 부르면 좋을지 확인해야 합니다. 그때 유용하게 쓸 수 있는 구문이 바로 **"What should I call you?"**(제가 어떻게 부르면 좋을까요?)"입니다.

대부분의 사람들은 처음 만나면 서로 직함이나 '님' 혹은 '씨'를 붙여 부르다가 친해지면 이름을 부르고, 간혹 별명을 부르기도 하는 등 시간에 따라 호칭이 조금씩 바뀌지요. 하지만 영어를 구사하는 환경에서는 처음부터 서로의 이름을 부르면 쉽게 친해질 수 있습니다.

"What should I call you?"라고 물으면, 거의 100%의 확률로 "Please call me David."처럼 이름으로 부르라는 대답이 돌아오기 때문에, 상사나 고객도 이름으로 부를 수 있습니다.

아주 드물게 성으로 부르라는 사람도 있지만, 용기를 내어 **"May I call you David?"**(David라고 불러도 되나요?)"라고 물어보면, 대개는 "No."라고 하지 않습니다.

외국인과 대화할 때 성보다 이름을 부르면 관계가 더욱 친밀해집니다. 처음 만나는 자리에서 호칭을 확인하면서 서로 이름을 부르는 사이가 되도록 노력해보세요.

## 🗐 MORE EXPRESSIONS

제가 어떻게 부르면 좋을까요?
- What do you want me to call you?
- How should I address you?
- How should I call you?
- How would you like me to call you?

사람들이 당신을 어떻게 부르나요?
- What do people call you?

**UNIT 5**
이름을 확인하는 최후의 수단

# How do you spell your name?

성함의 철자가 어떻게 되나요?

A: **Hello, I'm Hyogo Okada. Call me Hyogo.**

안녕하세요, 오카다 효고입니다. Hyogo라고 불러주세요.

B: **Hi, I'm Ava O'Callaghan. It's nice to meet you, Hyogo.**

안녕하세요, Ava O'Callaghan입니다. 만나서 반가워요, Hyogo.

A: **I'm happy to meet you. What should I call you?**

만나서 정말 반가워요. 제가 어떻게 부르면 좋을까요?

B: **Just call me Ava, Hyogo.**

그냥 Ava라고 불러주세요, Hyogo.

A: **How do you spell your name? I'm not familiar with your name.**

성함의 철자가 어떻게 되나요? 익숙한 이름이 아니어서요.

---

**이름이 어려우면 철자를 확인한다**

비영어권 사람들의 영어는 억양이 강하고, 이름 또한 우리에게 익숙하지 않아서 한 번에 알아듣기가 어렵습니다. 사실 영어 원어민이라도 호주인, 아일랜드인의 영어는 개성이 강해서 무슨 말을 하는지 이해하기 힘들 때도 있습니다.

못 알아들어서 계속 물어봐도 상대방은 친절하게 대답해주겠지요. 그래도 한계가 있습니다. 여러 번 들어도 상대방의 이름을 모르겠다면, **"How do you spell your name?**(성함의 철자가 어떻게 되나요?)"라고 물어보며 **이름을 글자로 확인할 수 있습니다.**

간혹 'spell'을 명사로 착각하여 "What is the spell of your name?"이라고 말하면, 의미가 완전히 달라지므로 주의해야 합니다. 'spell'은 동사로는 '철자를 말하다'라는 의미가 있지만, 명사로는 '주문, 마법, 주술'이라는 뜻이 됩니다.

이름의 철자를 확인하기 위해서는 **"How do you spell ~/Could you spell ~/May I ask how you spell ~?"**라고 묻는 것이 일반적입니다.

외국인의 이름은 Tom, Smith처럼 우리에게 익숙한 이름만 있는 것이 아닙니다. 세계 여러 나라 사람들의 국적이 다양한 만큼 인도계, 중국계, 히스패닉계, 독일계, 아일랜드계 등 여러 계통의 이름이 있으며, 발음 자체가 어려운 이름도 많습니다.

### 이름을 잘못 부르지 않도록 주의한다

더 이상 이름을 되묻기 어려운 경우에 쓸 수 있는 최후의 수단이 "How do you spell your name?"입니다.

'발음은 알겠지만, 철자를 알려 달라'는 뉘앙스로 **알아듣지 못한 이름을 글자로 확인할 수 있지요.** '처음 듣는 이름이라서 철자가 궁금하다'며 상대방에게 직접 휴대전화에 입력해달라고 부탁하는 방법도 있습니다. **이름을 알아듣지 못했다는 사실을 들키지 않고, 재확인할 수 있는 좋은 방법입니다.**

철자를 알면 불분명했던 발음도 정확하게 알 수 있습니다. 원래 몰랐던 단어는 아무리 들어도 알아듣기 어렵지요. 마찬가지로 외국인의 생소한 이름은 아무리 듣기 실력이 뛰어나도 알아듣기 힘듭니다. 상대방의 이름을 잘못 부르지 않기 위해서라도 "How do you spell your name?" 구문으로 이름을 정확하게 파악해야 합니다.

---

📑 **MORE EXPRESSIONS** ───────────────────────────

성함의 철자가 어떻게 되나요?

- How can I spell your name?
- Could you spell your name, please?
- Would you spell out your name, please?
- May I have the spelling, please?
- What is the spelling of your name?

# 비즈니스 모임이나
# 행사에 필요한 대화의 기술

● 　　　　낯선 사람에게 말을 거는 행동에는 꽤 용기가 필요하지요. 그럴 때 자연스럽게 대화를 시작할 수 있는 표현이 있습니다. 인상 깊은 만남을 계속 유지할 수 있는 대화의 기술을 살펴봅시다.

## UNIT 1
### 낯선 사람에게 말을 걸 때

# Are you having a good time?

즐거운 시간을 보내고 계신가요?

A: **Hi, how are you?**
**Are you having a good time?**

안녕하세요, 어떠세요? 즐거운 시간을 보내고 계신가요?

B: **Hi, I'm having a great time.**

안녕하세요, 정말 즐겁네요.

A: **Sounds great! I'm Hyogo Okada from Microsoft.**

다행이네요! 저는 마이크로소프트에서 온 오카다 효고입니다.

B: **I'm Raina from ABC Company.**

전 ABC사의 Raina입니다.

A: **You look stylish and professional. What do you do?**

정말 멋지고 전문가처럼 보이시네요. 무슨 일을 하시나요?

---

**인맥을 넓힐 수 있는 절호의 기회**

외국에서는 비즈니스 행사에 참가할 기회가 많습니다. 하지만 아는 사람이 없으면 어색하고 난감하지요. 낯선 사람과 심지어 영어로 대화해야 한다는 사실이 부담스러워서 아무 말도 안 할 수는 없습니다. 부담감과 걱정에 괜히 움츠러들기도 하지만, 조금만 더 깊이 생각해보면 다른 사람들도 똑같은 걱정을 안고 있을 것입니다. 열린 마음으로 말을 걸면, 인맥을 넓힐 수 있는 절호의 기회를 얻습니다.

일을 잘하는 사람은 폭넓은 인맥을 자랑합니다. 전문직 등에서는 예외도 존재하지만, 대부분의 직종에서 인맥이 넓은 사람이 인정받고 승승장구하는 경향이 있지요. 또 업무와 관련된 행사가 아니더라도 쉽게 만나기 어려운 타 분야나 타 업계에 종사하는 사람, 전혀 예상치 못한 유명한 사람과 만날 수도 있습니다.

저도 사적인 행사에서 우연히 만난 사람이 알고 보니 글로벌 기업의 CEO 혹은 임원이거나 유명한 벤처사업 투자가여서 뒤늦게 깜짝 놀란 경험이 있습니다.

제가 아는 지인도 비슷한 경험이 있어 **행사에서 사람을 만나면 항상 최선을 다해 정중하게 대한다**고 합니다. "**Are you having a good time?**(즐거운 시간을 보내고 계신가요?)"라는 표현으로 인맥을 넓혀보세요. 행사는 여러 직종과 업계의 사람들과 만나 친분을 쌓을 수 있는 좋은 기회입니다. 그 기회를 놓치지 마세요.

📑 **MORE EXPRESSIONS**

즐거운 시간을 보내고 계신가요?
- (Are you) Having fun?
- Are you enjoying yourself?
- Are you enjoying it?
- How's it going?

즐거워 보이시네요!
- You seem to be having a lot of fun!

**UNIT 2**
침묵 속에서도 대화의 실마리를 찾는다

# This is a great event, isn't it?

정말 좋은 행사네요.

A: **Are you having a good time?**
**This is a great event, isn't it?**

즐거운 시간을 보내고 계신가요?
정말 좋은 행사네요.

B: **Yes, everything looks so stylish and sophisticated.**

네, 모든 것이 멋지고 세련돼 보이네요.

A: **Exactly! I'm so excited today.**

맞아요! 오늘 정말 즐겁네요.

B: **I agree. We can learn so many things about today's technology trends in Digital Marketing.**

네. 디지털 마케팅의 최근 기술 동향에 대해 많이 배울 수 있겠어요.

A: **Yes, all participants are wonderful too. Let's have a fun time!**

네, 참가자들 모두 훌륭하네요.
즐거운 시간 보냅시다!

상황을 서술한 뒤에 **"isn't it"**을 붙인다

비즈니스 행사나 모임에서 낯선 사람에게 "Nice to meet you.(만나서 반가워요.)"라고 말을 걸면, 상대방은 당연히 깜짝 놀라겠지요. 처음 보는 외국인과 대화를 시작할 때 활용하기 좋은 구문으로 **"It's ~, isn't it?**(~하네요.)"가 있

습니다. 가령 행사에 참가해서, **"This is a great event, isn't it?"**(정말 좋은 행사네요.)**라고 말을 걸고 대화를 시작하면 됩니다.

또 대화가 너무 없어 침묵이 흐르는 상황에서도 쓸 수 있습니다. 외국인과 함께 엘리베이터를 탔을 때나 회의실에 단둘이 있을 때, 가벼운 인사를 나눈 뒤 이야깃거리가 없어 난감했던 경험은 누구나 한 번쯤 있을 것입니다. 그럴 때 "It's ~, isn't it?"을 활용해보세요.

이 구문의 이점은 "~하네요."라며 상대방의 동의를 구하는 방식으로, 눈앞의 상황을 이용하여 화제가 없을 때도 대화의 실마리를 찾을 수 있다는 점입니다. 예를 들어 동남아시아에서는 에어컨 온도를 너무 낮게 설정하여 실내가 추운 경우가 많습니다. 이때 **"It's too cold, isn't it?"**(너무 춥네요.)**라고 상대방에게 동의를 구하면서 대화의 물꼬를 틀 수 있습니다.

엘리베이터에서 안면 있는 사람을 만났을 때, **"It's crowded, isn't it?"**(너무 혼잡하네요.)**, **"It's nice weather, isn't it?"**(날씨가 좋네요.)** 등으로 이야기를 시작할 수 있겠지요.

### "isn't it"보다 "right?"가 더 편하다

"isn't it?" 대신 **"right?"**를 쓸 수도 있습니다. 가령 **"It's too cold, right?"**, **"It's crowded, right?"**, **"It's nice weather, right?"**로 쓸 수 있지요. 문장 끝에 덧붙일 때, 긍정문을 쓸지 부정문을 쓸지 고민하지 않아도 되므로, "isn't it"보다 쓰기가 편합니다.

물론 대화의 실마리를 찾을 때뿐만 아니라 확실하지 않은 사실에 대해 **상대방의 동의를 구하거나 의견을 확인할 때**도 쓸 수 있습니다. **"We have a meeting at 2 p.m., right?"**(회의가 2시부터죠?)**, **"You are coming, right?"**(오고 계신 거죠?)** 등으로 씁니다. 확신할 수 없는 사실을 물을 때, 동의를 구할 때, 문장 끝에 "right?"만 붙이면 되는 편리한 표현입니다.

"isn't it?", "right?"로 **눈앞의 상황을 이용하여 이야깃거리를 찾아보세요.** 상대방의 반응이 소극적이더라도 눈앞의 사람과 앞으로 어떤 관계로 발전할지 모르니 일단 적극적으로 대화를 이어나가면 어떨까요?

---

📑 **MORE EXPRESSIONS** ────────────────────

정말 두근거리네요.
- It's very exciting, isn't it?

너무 춥네요.
- It's freezing, isn't it?

날씨가 정말 좋네요.
- It is a beautiful day, isn't it?

비가 올 것 같네요.
- It looks like rain, doesn't it?

음식이 정말 맛있었어요.
- The food was very delicious, right?

3-5-3

# Have we met before?

우리 전에 만난 적이 있나요?

A: **Have we met before?**  우리 전에 만난 적이 있나요?

B: **Well…**  음…….

A: **No problem.**  상관없지요.
**I'm Hyogo Okada.**  저는 오카다 효고입니다.

B: **Hi, Hyogo. I'm Becky.**  안녕하세요, 효고 씨. 저는 Becky
**I just remembered.**  예요. 지금 생각났는데, 우리 전에
**Yes, we've met before.**  만난 적이 있네요.

A: **Cool. Happy to see you again,**  그렇군요. 다시 만나서 정말 반가워
**Becky!**  요, Becky!

---

기억나지 않는다면 확실하게 물어본다

상대방의 얼굴을 본 기억은 있지만, 어디서 만났는지 떠오르지 않을 때가 가
끔 있지요. 이럴 때 "**Have we met before?**(우리 전에 만난 적이 있나요?)"라
고 물어보세요. 만난 적이 있는지 확신할 수 없을 때, 유용하게 쓸 수 있습니다.

이미 만난 적이 있는 사람과 당시의 일에 대해 이야기하다 보면, 더 쉽게 친해질 수 있고 신뢰도 깊어집니다. 사실 이 구문은 이름을 잊어버렸다는 의미를 내포하고 있지만, **얼굴은 기억하고 있다는 점을 내비쳐 긍정적인 인상을 줄 수 있습니다.**

잠깐 이야기를 나눴거나 과거에 만났던 것 같은 느낌이 들 때는 이 구문을 활용해보세요. 저 역시 그런 경우에는 관계를 다시 이어나갈 수 있는 좋은 기회라고 생각하며 적극적으로 말을 걸어봅니다. 기억이 불투명하다고 망설이면, 끊어진 인연을 이을 수 있는 기회를 놓치게 됩니다. 가만히 있으면, 관계를 영영 회복할 수 없습니다.

인사만으로도 다시 관계가 시작되면, 새로운 인맥이 생기고 때로는 업무와 관련된 좋은 기회가 찾아올지도 모릅니다. 어딘가에서 만났지만 정확하게 기억나지 않는 사람이 있다면, 주저하지 말고 먼저 다가가 끊어진 관계를 이어보세요.

---

📑 **MORE EXPRESSIONS** ─────────────

우리 만난 적이 있나요?
- Don't I know you?

우리 전에 만난 것 같아요.
- I think we've met before.

실례합니다. 우리 만난 적이 있나요?
- Excuse me. Do I know you?

우리 전에 어딘가에서 만난 적이 있나요?
- Have we met somewhere before?

우리 전에 만난 적이 있나요?
- May I know if we have met before?

# I have a terrible memory for international names.

제가 외국어 이름을 잘 기억하지 못해서요.

A: **Hi. It's been a while.
How have you been recently?**

안녕하세요. 오랜만이에요.
요즘 어떻게 지내세요?

B: **I've been so good.
You always look good.**

잘 지냅니다.
항상 밝아 보이시네요.

A: **Thanks for your kind words!
Well, my apologies.
I have a terrible memory for
international names.
Could I have your name?**

감사합니다.
그런데, 죄송합니다.
제가 외국어 이름을 잘 기억하지 못
해서요.
성함을 알려주실 수 있나요?

B: **Never mind. I'm Cindy.
Could I also have your name?**

신경 쓰지 마세요. 저는 Cindy입니
다. 저도 당신의 이름을 알 수 있을까요?

A: **Of course. I'm Hyogo.
Happy to see you again, Cindy!**

물론이지요. 저는 효고입니다.
다시 만나서 정말 반가워요, Cindy!

여러 사람이 만나 혼란스러운 분위기에서 서로 인사를 나누다 보면, 상대방의 이름을 기억하기 힘들지요. 싱가포르에 온 지 16년이 되었지만, 저도 아직 이름을 기억하는 데 애를 먹곤 합니다.

이름을 잊어버려도 상관없다고 방심하고 있다가는 곤란한 상황에 처할 수 있습니다. 어느 날 문득 내 이름을 부르며 친근하게 다가오는 사람의 이름이 기억나지 않을 때, 어떻게 해야 할까요? 아무 일 없다는 듯이 태연하게 이야기를 나누고 헤어지면, 상대방의 이름을 다시 알 수 있는 기회가 저 멀리 날아갑니다. 이처럼 외국인의 이름을 잊어버렸을 때, 유용하게 쓸 수 있는 표현이 있습니다.

■■■■ 이름을 물어보는 현명한 방법

대화가 일단락되거나 이야기를 나눈 뒤 헤어지기 전, "**I have a terrible memory for international names.**(제가 외국어 이름을 잘 기억하지 못해서요.)"라며 상대방의 이름을 물어봅니다. 이 표현의 포인트는 이름을 잊어버린 이유는 '**기억을 잘 못해서**'이지 '**상대방을 중요하게 생각하지 않아서**'가 아니라는 뉘앙스를 풍기는 것입니다. 그래야 상대방의 기분을 상하게 하지 않을 수 있습니다.

영어를 모국어로 쓰지 않는 사람이 영어 이름을 잘 기억하지 못하는 것은 어쩌면 당연한 일일지도 모릅니다. "**My apologies. I have a terrible memory for international names. I'm ~. Could I have your name?**"이라고 솔직하게 말하세요.

한번은 용기 내서 상대방의 이름을 물어봤더니 상대방 역시 제 이름을 잊어버렸다고 말해서 안심한 적이 있습니다. 영어를 쓰는 외국인도 동양인의 이름은 기억하기 어렵겠지요.

외국에서 서로 이름을 부르는 것은 커뮤니케이션을 더 원만하게 만듭니다. 처음 만난 사이라도 그 자리에서 바로 이름을 외워 불러보세요. 이름을 모를 때는 망설이지 말고, 솔직하게 말하면 됩니다.

## 📑 MORE EXPRESSIONS

제가 외국어 이름을 잘 기억하지 못해서요.

- I always forget international names.
- I am not good with international names.
- I am bad at remembering international names.
- I am not good at remembering international names.
- I can't unfortunately remember international names.

UNIT 5

만남의 기쁨을 적극적으로 표현한다

# I look forward to seeing you again sometime soon!

곧 다시 만나 뵙기를 기대할게요!

A: **It was great seeing you today.**　　오늘 만나서 반가웠습니다.

B: **Yes, I also had great fun talking with you.**　　네, 저 역시 정말 즐겁게 이야기를 나눴네요.

A: I look forward to seeing you again sometime soon!　　곧 다시 만나 뵙기를 기대할게요!

B: **So do I. I can't wait!**　　네, 저도 기대되네요!

A: **Let's catch up next week. I'll contact you tomorrow.**　　다음 주에 뵙겠습니다. 내일 연락드릴게요.

---

■■■■ 구체적으로 재회를 약속한다

새로 알게 된 사람을 또 만나고 싶다면, "**I look forward to seeing you again sometime soon!**(곧 다시 만나 뵙기를 기대할게요!)" 구문으로 다음 만남에 대한 기대감을 비칠 수 있습니다. **만나서 반가웠음을 직접적으로 전하고, 다음에 만날 약속도 정합니다.** 다음 만남을 약속하지 않으면, 관계를 이어나갈 기회가 사라집니다. 계속해서 만나야 친구가 될 수 있지요.

특히 꼭 다시 만나고 싶은 사람에게는 '**next week**(다음 주)', '**the week after next**(다음다음 주)', '**next weekend**(다음 주말)', '**next Wednesday**(다음 주 수요일)' 등 한 달 내에 다시 만날 수 있도록 **구체적인 날짜를 언급하면서 약속을 정하는 것이 좋습니다.** 쇠뿔도 단김에 빼야 합니다. 서로에게 받은 감동의 열기가 식기 전에 다시 만날 약속을 정하세요.

### "I look forward to ~"의 활용

헤어질 때 자주 쓰는 'look forward'를 활용한 표현 중 학교에서 배우는 "I'm looking forward to ~"는 주로 편한 친구 사이에 씁니다. **일로 만난 사람에게는 조금 더 격식을 갖춘 "I look forward to ~"를 쓰는 것이 일반적입니다.**

편한 사이에 할 수 있는 또 다른 말에는, 'See you+시간을 나타내는 말'을 활용한 "**See you soon!**(곧 다시 만나요!)", "**See you next week!**(다음 주에 만나요!)" 등이 있습니다. 만나서 반가웠다는 말도 덧붙이면 더 좋겠지요. "**It was very nice to meet you. See you again soon!**(만나서 정말 반가웠어요. 곧 다시 만나길 바랍니다!)라고 말할 수 있습니다.

그 밖에 "**I can't wait ~**(~을 기대할게요)" 구문도 있습니다. "I look forward to ~"보다 친근한 사이에 쓰는 말입니다.

처음 만난 사람과 친구가 되고 싶다면, 오늘의 만남이 준 감동과 미래의 만남에 대한 설렘을 인상 깊게 전해야 합니다.

곧 다시 만나 뵙기를 기대할게요!

- I can't wait to see you again soon!
- I just can't wait to see you again soon!
- I am so excited to see you again soon!
- I am very excited for our scheduled meeting soon!
- I am so pumped to see you again soon!
- I really hope to see you again soon!

# 전화 회화에 필요한
# 대화의 기술

● 　　　　얼굴을 보지 않고 상대방과 통화할 때는 누구나 긴장을 합니다. 그러니 최대한 정중하고 예의 바른 태도로 상대방을 배려해야 합니다. 통화에 자신이 없는 사람일수록 정중한 태도를 잊지 마세요.

## CHAPTER 8

**UNIT 1**
통화할 때 가장 먼저 하는 말

# May I have Mr. Brian, please?

Brian 씨와 통화할 수 있을까요?

A: **May I have Mr. Brian, please?**　　　Brian 씨와 통화할 수 있을까요?

B: **Excuse me, but may I know who's calling, please?**　　　실례지만, 누구신가요?

A: **This is Hyogo Okada, from Microsoft.**　　　전 마이크로소프트의 오카다 효고입니다.

B: **Thank you. Please hold. I'll put you through.**　　　감사합니다. 잠시만 기다려주세요. 연결해드리겠습니다.

(Just before the call is transferred)　　　(전화가 연결되기 직전)

B: **Hi, Mr. Brian. You have a call from Mr. Okada of Microsoft on line 2.**　　　안녕하세요, Brian. 2번으로 마이크로소프트의 오카다 씨 전화가 왔어요.

(Just after the call is transferred)　　　(전화가 연결된 직후)

C: **Hi, Brian speaking.**　　　안녕하세요, Brian입니다.

## 전화할 때 더 정중해야 하는 이유

영어로 통화할 때는 먼저 **"May I have ~, please?**(~와 통화할 수 있을까요?)**"** 라는 표현을 기억해둬야 합니다. 'can < could < may'의 순으로 더 정중한 표현이 되므로, "May I have ~"는 비즈니스 현장에서 쓰기에 적합한, 매우 정중한 표현입니다.

"May I have ~"는 통화를 할 때 편리하게 쓸 수 있는 구문입니다. 업무상 통화를 할 때, 활용도가 상당히 높습니다.

### ① 전화 연결을 부탁할 때

전화를 걸어 누군가에게 연결을 부탁할 때 쓸 수 있습니다.

**May I have Mr. Jones, please?**

(Jones 씨와 통화할 수 있을까요?)

**May I have Customer Support, please?**

(고객지원팀으로 연결해주시겠어요?)

**May I have the name of the person in charge of the Japanese market, please?** (일본 시장 담당자와 통화할 수 있을까요?)

### ② 상대방에게 뭔가를 부탁할 때

특정 정보를 원할 때, 통화하고 싶은 상대가 부재중일 때 메시지를 남기거나 추후에 전화를 해달라고 부탁할 때 쓸 수 있습니다.

**May I have your name, please?**

(성함을 알려주시겠어요?)

**May I have your email address, please?**

(이메일 주소를 알려주시겠어요?)

**May I have the contact number of Customer Support, please?**

(고객지원팀의 연락처를 알려주시겠어요?)

③ 착오를 방지하기 위해 확인할 때

직접 만나서 말하는 영어보다 수화기에서 흘러나오는 영어는 특히 더 알아
듣기 어려워 문제가 생기기 쉽습니다. 그러니 만약을 위해서 전화를 끊기
전에 다시 한번 확인할 때도 쓸 수 있습니다.

**May I have your name and department again, please?**
(성함과 부서명을 다시 한번 말씀해주시겠어요?)

**May I have that last sentence, please?**
(마지막에 뭐라고 말씀하셨는지 한 번 더 말씀해주시겠어요?)

**May I have your email address again, please?**
(이메일 주소를 다시 한번 말씀해주시겠어요?)

이 표현을 익혀두면 통화할 때 여러모로 도움이 되어 담당자와 연락하거나
약속을 정할 때 대화가 한결 더 쉬워집니다.

---

📑 **MORE EXPRESSIONS** ───────────────────────────

Jones 씨와 통화할 수 있을까요?
- May I speak to Mr. Jones?

영업부로 연결해주시겠어요?
- Could you transfer me to the sales department?

일본어가 가능한 사람과 통화하고 싶습니다.
- I'd like to speak to someone who can speak Japanese, please.

성함이 어떻게 되시나요?
- Could I ask your name, please?

회계부의 연락처를 다시 한번 말씀해주시겠어요?
- Could you repeat the contact number of the accounting department, please?

저에게 전화를 해달라고 Jones 씨께 전해주시겠어요?
- Could you ask Mr. Jones to call me back?

# I know you're busy, but I'd be grateful if I could arrange a meeting with you.

바쁘신 줄 알지만, 회의 일정을 잡아주시면 감사하겠습니다.

A: **Hi, Ms. Grace. I'm currently planning an Asia business seminar with several leading companies in the industry. I'd like to ask for your help.**

안녕하세요, Grace. 제가 요즘 업계의 주요 회사들과 함께 아시아 비즈니스 세미나를 준비하고 있어요. 당신의 도움을 좀 받고 싶은데요.

B: **Could you explain that in more detail?**

조금 더 자세하게 말씀해주시겠어요?

A: **Definitely. I know you're busy, but I'd be grateful if I could arrange a meeting with you.**

물론이죠. 바쁘신 줄 알지만, 회의 일정을 잡아주시면 감사하겠습니다.

B: **I understand.**

알겠습니다.

A: **Thanks for your kind understanding.**

이해해주셔서 고마워요.

별로 친하지 않는 사람에게 전화로 뭔가를 부탁할 때는 먼저 "**I know you're busy,**(바쁘신 줄 알지만,)"라고 말합니다. "I know you're busy,"라는 말에는 상대방에 대한 배려가 느껴지지요. "**I'd be grateful if I could arrange a meeting with you.**(회의 일정을 잡아주시면 감사하겠습니다.)"를 덧붙여 더 정중한 표현을 완성합니다. **바쁜 와중에도 시간을 내주는 상대방에게 고마움을 표시하는 것**은 당연하지요.

흔히 영어에는 높임말이나 겸양어가 없어 누구나 동등한 입장에서 편하게 말한다고 생각하지요. 하지만 영어권 사람들 역시 늘 정중하게 말하려고 노력합니다. 자신을 낮추고 상대방을 향한 배려와 존중을 담아 표현해야 타인의 인정을 받을 수 있습니다. 정중한 말로 상대방을 배려할 수 있을 뿐만 아니라 자신의 인격을 드러낼 수도 있습니다.

글로벌 회사에서는 거의 대부분이 '**상대방을 배려하는 정중한 영어**'를 씁니다. 일 때문에 많은 외국인들을 만나기 전까지는 저 역시 할리우드 영화를 떠올리며 그들이 거칠고 직설적인 표현으로 대화할 것이라고 생각했습니다.

하지만 실제로는 하고 싶은 말을 거침없이 내뱉을 것 같은 이미지의 미국인도, 큰 소리로 속사포로 말할 것 같은 중국인도, 세계 곳곳에서 활약하고 있는 사람은 모두 정중하게 말하는 데 세심한 주의를 기울입니다.

가끔 영어 교재의 예문으로 'will'과 'can'을 활용한 문장을 볼 수 있지요. 'will'이나 'can'은 친한 동기 사이라도 업무와 연관된 부탁을 할 때 쓰면 직설적이고 예의 없게 느껴질 수 있습니다. 저는 이런 표현을 사무실에서는 최대한 쓰지 않습니다. 비즈니스 현장에서는 **보통 뭔가를 부탁할 때, 'would'나 'could'**를 씁니다.

글로벌 사회에서는 후배에게든 부하 직원에게든 고압적인 태도를 보여서는 안 됩니다. 저 역시 타인에게 부탁할 때는 정중하게 말하고자 애씁니다. 비즈니스 현장에서는 'would'나 'could'를 쓰도록 노력하세요.

전화로 약속을 잡거나 부탁할 때는 첫마디에서부터 사회인으로서의 자질을 평가받게 됩니다. 그러므로 늘 정중하게 말할 수 있도록 세심하게 주의를 기울여야 합니다.

### 📑 MORE EXPRESSIONS

바쁘신 줄 알지만, 회의 일정을 잡아주시면 감사하겠습니다.

- I know you're busy, but I'd appreciate it if I could arrange a meeting with you.
- I understand you must be busy, but I'd be grateful if you could arrange a meeting with me.
- I guess you are very busy, but it would be great if I could arrange a meeting with you.
- I assume you have a very tight schedule, but it would be helpful if you could arrange a meeting with me.

저와 회의할 시간을 좀 내주실 수 있나요?

- Could you feasibly make some time to arrange a meeting with me?

> **UNIT 3**
> 약속을 정할 때 쓸 수 있는 표현

# When would be convenient for you?

언제 시간이 괜찮으세요?

| | |
|---|---|
| A: **When would be convenient for you?** | 언제 시간이 괜찮으세요? |
| B: **I have a full schedule this week. How about next Wednesday at 10 am?** | 이번 주는 일정이 꽉 차 있어서요. 다음 주 수요일 10시는 어떠세요? |
| A: **Perfect. I'll come to your office next Wednesday at 10 am.** | 아주 좋아요. 다음 주 수요일 10시에 사무실로 찾아가겠습니다. |
| B: **Ok. See you then.** | 네. 그때 뵙죠. |
| A: **I look forward to having a fruitful discussion with you. Have a wonderful day!** | 유익한 논의가 이루어지길 기대할게요. 즐거운 하루 보내세요! |

**'would'를 활용한 표현으로 일정을 확인한다**

앞에서 말했듯이 비즈니스 영어에서 상대방에게 선택권을 주지 않는 질문은 무례하게 느껴집니다. 모르는 사람과 약속을 정하거나 어려운 부탁을 할 때는 상대방에게 선택을 맡기는 형식으로 말해야 합니다.

안면이 있는 친한 고객과 약속을 잡을 때는 "When is convenient for you?(언제 시간이 괜찮으세요?)"라고 말해도 괜찮습니다. 비즈니스 영어의 기본은 정중함입니다. 고객과의 약속은 새로운 거래의 수주로 이어질 수도 있으므로, 'would'를 써서 정중하게 **"When would be convenient for you?"**라고 물어보세요.

왜 'could'가 아니라 'would'일까요? 'could'와 'would'는 의미의 차이가 있습니다.

| could | 원형은 can. 능력이나 물리적으로 실현 가능한지 아닌지 확인할 때 쓴다. |
|---|---|
| would | 원형은 will. 실행 가능한 일을 해줄 의사가 있는지 없는지 물어볼 때 쓴다. |

즉 'could'를 써서 "When could be convenient for you?"라고 물으면, 상대방이 자신과 만날 시간이 있는지 없는지를 물어보는 의미가 됩니다. 반면 'would'를 써서 "When would be convenient for you?"라고 말하면, **상대방의 의사를 존중하는 뉘앙스**를 풍깁니다.

| ○ | When would be convenient for you? | 정중하고 예의 바른 자세로 상대방의 의사를 존중하는 표현 |
|---|---|---|
| △ | When could be convenient for you? | 시간이 있는지 없는지 확인하는 표현 |
| ✕ | When will be convenient for you? | 편한 사이에 쓸 수 있는 표현. 처음 만나는 고객에게는 더 정중하고 격식을 차린 표현을 써야 한다. |

## 'could'와 'would'의 쓰임

"Could you please open the window?", "Would you please open the window?"처럼 'could'와 'would'를 모두 쓸 수 있는 경우도 있으므로, 그때 그때의 상황에 따라 의미를 생각하면서 말하면 됩니다.

윗사람이나 고객에게 정중하게 말하고 싶지만 어떤 것을 써야 할지 모를 때는 일단 'would'를 쓰는 것이 좋습니다. 비즈니스 영어의 기본은 정중함임을 기억하고, 예의 바른 자세로 상대방의 의사를 존중하는 표현을 써야 합니다.

**MORE EXPRESSIONS**

언제 시간이 괜찮으세요?

- When would be good for you?
- When would be best for you?
- When would you be available?
- When would be alright for you?
- When would be convenient?

# 존재감을 높이는
## 대화의 기술

● 　　　　회의 중에 발언하지 않는 사람은 일하지 않는 사람으로 낙인찍히기 쉽습니다. 그러니 적극적으로 자신의 의견을 표현해야 합니다. 이번에는 대화에 쉽게 끼어들지 못하는 사람에게 유용한 표현을 알아보겠습니다.

# The objective of this meeting is to define the outline of the presentation.

이번 회의의 목적은 프레젠테이션의 개요를 정하는 것입니다.

A: **Hello everyone. I'd like to welcome you all and thank everyone for coming.** The objective of this meeting is to define the outline of the presentation.

안녕하세요, 여러분. 모두 만나서 반갑고, 와주셔서 감사합니다. 이번 회의의 목적은 프레젠테이션의 개요를 정하는 것입니다.

B: **Certainly.**

알겠습니다.

A: **Could you please tell us your thoughts?**

여러분의 생각을 말씀해주시겠습니까?

B: **We need to propose innovative products in order to differentiate ourselves from our competitors.**

우리는 경쟁사 제품들과의 차별화를 위해 혁신적인 제품을 제안해야 합니다.

A: **That sounds interesting!**

좋은 이야기군요!

### 먼저 목적을 언급한다

본인이 주체가 되어 회의를 열어도 영어 실력이 부족하면, 존재감을 전혀 발휘하지 못할 수 있습니다. 영어 실력이 부족해서 회의나 발표에서 하고 싶은 말을 충분히 하지 못할 때는, 'objective'라는 단어를 활용해보세요. '**objective**'는 '목적, 목표'라는 뜻으로, 회의할 내용을 일목요연하게 정리하여 그 후에 사람들이 쉽게 이야기를 이어나갈 수 있도록 돕습니다.

회의의 핵심이 되는 목표와 목적을 가장 먼저 말하는 사람은 그 회의를 이끌어가는 주도권을 잡습니다. 가령 "**The objective of this meeting is to decide next year's budget.**(이번 회의의 목적은 내년 예산을 정하는 것입니다.)"라고 말하면서 회의의 주도권을 잡을 수 있지요.

### 'target', 'objective', 'goal'의 구분

'목적'이라는 의미의 단어에는 '**objective**' 외에도 '**target**'과 '**goal**'이 있습니다. 각 단어의 뉘앙스가 조금씩 다르므로, 그 차이를 잘 이해해두면 좋겠지요.

| | |
|---|---|
| **target**(단기 목표) | 지향하는 도달점을 구체적이고 현실적으로 설정한다. 단기적인 목표와 목적의 의미로 사용된다. 구체적인 목표 수치를 단기간에 달성하고자 할 때 쓴다. |
| **objective**(중장기 목표) | 중장기적인 목표를 의미한다. 연간, 분기, 월간과 같은 중장기적인 목표 달성에 관해 말할 때 쓴다. |
| **goal**(장기 목표) | 노력과 의지가 향하는 도달점이나 희망하는 결과라는 뉘앙스가 강하다. 달성해야 할 장기적인 목표(End Goal)라는 의미로 쓴다. |

각 단어의 의미는 같지만, 위에서 살펴본 바와 같이 뉘앙스가 다릅니다. 예를 들어 새해를 맞아 각 부서에서 설정하는 장기 목표를 'goal'이라고 한다면, 그 장기 목표를 달성하기 위해서 시행하는 프로젝트나 업무가 중장기

목표인 'objective'가 됩니다. 중장기 목표를 달성하기 위해 해야 할 눈앞의 작업이 바로 단기 목표 'target'입니다.

비즈니스를 효율적으로 추진하기 위해서는 목적과 목표를 정확하게 설정하고 공유해야 합니다. 제대로 구분하면 전달 효과가 한층 더 커집니다. 또 목적과 목표를 분명하게 설정해야 논의가 효율적으로 진행됩니다.

'target', 'objective', 'goal'을 잘 구분하고 구성원들에게 명확하게 이해시켜 함께 최종 목적을 달성할 수 있기를 바랍니다.

---

### 📑 MORE EXPRESSIONS

우리 회사의 목표는 업계의 리더가 되는 것입니다.
- Our company goal is to be the leader in this field.

올해의 목표는 이 제품이 더 대중적으로 인기를 끌게 하는 것입니다.
- The objective for this year is to make this product more popular.

이번 달의 목표는 이 제품의 매상을 3백만 엔으로 만드는 것입니다.
- The target for this month is to sell 3 million yen worth of this product.

우리의 목표는 2025년까지 여성 관리자와 남성 관리자가 각각 50%인 양성 평등의 일터를 만드는 것입니다.
- Our goal is to achieve a gender-balanced workplace, with 50 percent female managers and 50 percent male managers, by 2025.

이 회의의 목적은 올해 여성 관리자의 수를 50%까지 늘리는 방법을 정하는 것입니다.
- The objective of this meeting is to decide how to increase the number of female managers by 50% this year.

이번 분기의 목표는 여성 관리자 10명을 채용하는 것입니다.
- The target for this quarter is to hire 10 female managers.

## UNIT 2
### 간략하게 개요를 설명한다

# First, let me give an overview of the project.

먼저, 프로젝트의 개요를 설명 드리겠습니다.

A: **Well, since everyone is here, let's start the meeting.**

그럼, 모두 모였으니 회의를 시작하겠습니다.

B: **Who's first?**

누가 먼저 시작할까요?

A: **I'll go. First, let me give an overview of the project.**

제가 하겠습니다. 먼저 프로젝트의 개요를 설명 드리겠습니다.

B: **Sure. Go ahead.**

좋아요. 말씀하세요.

A: **The purpose of the project is to help customers shift to a modern workplace.**

프로젝트의 목적은 고객들이 현대적인 업무 환경에 적응하도록 돕는 것입니다.

---

본론에 앞서 전체 구성을 설명한다

영어권 비즈니스 현장에서 프레젠테이션이나 회의를 할 때는 먼저 자신이 발언할 내용을 요약해서 말해야 합니다. 이때 쓰는 단어가 **'overview'**입니다.

신입사원이 하기 쉬운 실수 중 하나는 구두나 메일로 보고를 할 때, 순서에 따라 설명하는 것입니다. 영어로 말할 때는 가장 먼저 결론을 말하는 것이 정석입니다. 순서에 따라 이야기를 전개하면 원어민에게 내용이 제대로 전달되지 않습니다. 무슨 말을 하고 싶은지, 요점이 무엇인지 혼란스러워할 뿐입니다.

또 영어에 대한 이해가 부족한 사람들은 자신이 알고 있는 정보를 모두 말해야 한다고 생각합니다. 그래서 하나부터 열까지 자세하게 말해 오히려 상대방을 혼란에 빠뜨리는 경우도 많습니다. 하지만 영어 회화에 익숙한 사람들은 개요부터 명확하게 설명합니다.

개요로 전체적인 그림을 제시한 후 세부사항을 설명하고, 필요에 따라 보충 설명을 곁들입니다. 그러면 상대방을 혼란에 빠뜨리지 않고, 자기 생각을 효과적으로 전달할 수 있습니다. 영어로 발표할 때는 **먼저 개요부터 말해야 한다는 사실**을 잊지 마세요.

### 'summary', 'outline', 'picture'의 쓰임

"**First, let me give an overview of the project.**(먼저 프로젝트의 개요를 설명 드리겠습니다.)"라고 말한 뒤, 자신이 하고 싶은 이야기를 전개해 나갑니다.

"**I'd like to talk to you about how we can target the youth market.**(어떻게 청년층 시장을 목표로 삼을 것인지 말씀드리고자 합니다.)", "**I would like to take this opportunity to talk to you about our upcoming premier event.**(이번 프리미어 이벤트에 관해 말씀드리겠습니다.)" 등 "First, let me give an overview of the project." 뒤에 구체적인 내용을 설명합니다.

'overview'와 동일한 의미로 쓸 수 있는 단어로는 '**summary**', '**outline**', '**picture**' 등이 있습니다. 또 '**what ~ is like**(~은 어떠한지)', '**what ~ is all about**(~은 무엇에 관한 것인지)'도 개요와 비슷한 뜻으로 활용할 수 있습니다.

---

📑 **MORE EXPRESSIONS** ─────────────────────────────

먼저 프로젝트의 개요를 설명 드리겠습니다.

• To begin with, I will give an overview of my presentation.

• I'm now going to give a brief summary of the project.

아시아 지역의 사업 전개에 관한 간략한 개요부터 설명 드리겠습니다.

• I'd like to begin with a brief outline of our company's operations in Asia.

이제 우리 마케팅팀이 해온 업무에 관한 개요를 설명 드리겠습니다.

• Now I'm hoping to give you an idea of what our marketing team has been doing.

이 회의가 무엇에 관한 것인지 설명 드리겠습니다.

• I'll let you know what this meeting is all about.

## UNIT 3
### 상대방이 이해하고 있는지 확인한다

# Let me clarify my point.
(확인을 위해서) 주요 내용을 명확하게 짚어보겠습니다.

A: **Let me clarify my point.**

(확인을 위해서) 주요 내용을 명확하게 짚어보겠습니다.

B: **Please do.**

부탁드립니다.

A: **How can a modern workplace help customers?**
**First, it allows customers to work anywhere. Second, it allows them to work anytime. Finally, it allows them to work on any device.**

현대적인 작업 환경이 어떻게 고객들에게 도움이 될까요?
먼저 고객들이 어디에서든지 일할 수 있게 합니다. 두 번째로 언제든지 일할 수 있게 만들죠. 마지막으로 어떤 기기로도 일할 수 있습니다.

B: **Sounds very innovative.**

정말 혁신적이네요.

A: **Yes. It will increase customer productivity, the long-term growth of the organization, and eventually retain the best employees.**

네. 고객들의 생산성을 높이고, 조직의 장기적인 성장을 도와 최종적으로 유능한 직원들이 계속 남아 일하게 될 것입니다.

■■■■■ 자기 생각이 잘 전달되고 있는지 확인한다

자신의 설명에서 모호한 부분을 정리하거나 상대방의 설명을 더 구체적으로 확인하고 싶을 때 'clarify'라는 단어를 씁니다. 'make clear', 'make it(this) clear'처럼 단순히 대상을 분명히 하는 것이 아니라 clarify에는 정교하게 체계화된 전문지식을 바탕으로 대상을 명확히 한다는 의미가 포함되어 있습니다.

| ◯ | clarify | 정교하게 체계화된 전문지식을 바탕으로 대상을 명확히 한다. |
| ✕ | make clear | 단순히 대상을 분명히 한다. |

■■■■■ "I will make this clear."와 "I will clarify this."

가령 상사나 고객이 "이 기획서에 적힌 숫자는 어떤 의미인가요?"라고 물었을 때, "I will make this clear."보다는 "**I will clarify this.**"가 더 격식있게 느껴질 뿐만 아니라 체계화된 전문지식을 바탕으로 한다는 인상을 줍니다. 따라서 **clarify는 신뢰할 수 있는 전문가의 이미지를 심어주지요.**

같은 언어를 쓰는 사이에도 사람의 생각은 60%밖에 전해지지 않는다고 합니다. 그러니 비원어민의 말은 항상 오해를 낳을 소지가 높습니다. 외국인들은 상대방의 생각을 짐작하여 행동하지 않기 때문에, 자신의 생각을 타인에게 전할 때는 말하는 사람이 노력해야 합니다. 그 점을 잘 알고 있는 사람은 틈틈이 상대방이 정확하게 이해하고 있는지를 'clarify'로 확인합니다.

"**Let me clarify my point, First ~, Second ~, Finally** ~(주요 내용을 명확하게 짚어보겠습니다. 첫 번째는 ~, 두 번째는 ~, 마지막으로 ~)"라며 자신이 설명한 내용이 잘 전달되고 있는지 스스로 재확인하면서 상대방과 이해도를 일치시켜 나갑니다. "First ~, Second ~, Finally ~" 외에 "A ~, B ~, C ~"를 쓰기도 합니다.

clarify와 동일하게 쓸 수 있는 단어로는 '**define**(정의하다, 의미를 명확히 하다)', '**identify**(확인하다, 분별하다)', '**specify**(명시하다, 명확하게 말하다)' 등이 있습니다.

반대로 상대방의 이야기를 이해하지 못했을 때도 'clarify'를 쓸 수 있습니다. "**Could you clarify your point?**(요점을 명확하게 말해주실 수 있나요?)"로, 상대방의 발언 내용을 확인할 수 있습니다. 비즈니스 현장에서는 조금이라도 불분명하거나 이해하지 못한 점이 있다면, 'clarify'를 써서 내용과 목적을 정확하게 확인해야 합니다.

---

📋 **MORE EXPRESSIONS** ────────────────────────

프로젝트의 성공을 위해서 우리가 해야 할 일을 확인해보겠습니다.
- I'll confirm what needs to be done for the project to succeed.

프로젝트 팀원들의 역할과 책임을 명확하게 정리해보겠습니다.
- Let me define the role and responsibility of the team members of the project.

프로젝트가 맞닥뜨린 문제의 근본 원인을 명확히 짚어보겠습니다.
- I'd like to identify the root causes of the difficulties facing the project.

제안서의 내용을 명확하게 정리하겠습니다.
- Let me specify the contents of our proposal.

저는 원인을 이해하기 전까지는 만족하지 못하는 성격입니다.
- I am the type of person who is not satisfied until I have understood the cause of things.

# Let me share with you my opinion on this issue.

이 문제에 관한 제 의견을 공유하고 싶습니다.

A: **Considering the lack of manpower today, we need to take immediate actions to improve work productivity.**

지금 겪는 인재 부족을 생각하면, 노동 생산성을 높이기 위해 즉각적인 조치를 취해야 합니다.

B: **I have concerns about how to change customer work practices and the environment.**

고객들의 업무 방식과 환경을 어떻게 바꿔야 할지 고민이에요.

A: Let me share with you my opinion on this issue.

이 문제에 관한 제 의견을 공유하고 싶습니다.

B: **Thanks.**

부탁할게요.

A: **How work is done is changing and enterprise, along with its IT systems, must evolve to support this change.**

작업 방식이 바뀌고 있으며, 기업은 IT 시스템을 도입하여 이러한 변화를 지원할 수 있도록 발전해야 합니다.

자신의 생각을 말하고 싶을 때는 '**tell**'이 아니라 '**share**'를 씁니다. 'tell'은 상대방에게 일방적으로 전달하는 행위를 가리키지만, 'share'는 서로 나누어 가진다는 뜻으로 상대방을 존중하는 인상을 줍니다. 그러므로 "**Let me share (with you) my opinion on this issue.**(이 문제에 관한 제 의견을 공유하고 싶습니다.)"처럼 '공유한다'는 말로 자기 생각을 밝힙니다.

| | | |
|---|---|---|
| ○ | share | 서로 나누어 가진다는 뜻으로 상대방을 존중하는 인상을 준다. |
| ✕ | tell | 상대방에게 일방적으로 전달하는 인상을 준다. |

'let me ~'는 '제가 ~을 하게 해주세요'라는 뜻으로 'share'와 함께 '**let me share**'라고 말하면, 정중하고 부드러운 분위기를 조성하는 동시에 겸허한 태도도 나타낼 수 있습니다.

자신이 말하고 싶은 바를 일방적으로 밀어붙이지 않고, 상대방을 배려하는 인상을 줘야 합니다. 따라서 부드러운 표현으로 논의를 건설적으로 이끌어나갈 수 있도록 세심한 주의를 기울이세요.

일상 회화에서는 아무 말도 하지 않고 그저 웃고만 있어도 상관없습니다. 하지만 비즈니스를 할 때는 '시간이 금(Time is money.)'입니다. 발언하지 않고 시간만 끌고 있으면, 인정받을 수 없습니다.

글로벌 회사에서 발언하지 못하는 것은 큰 문제입니다. 발언하지 못하는 것은 생각이나 의견이 없다는 뜻이나 마찬가지입니다. 설령 영어 실력이 부족한 탓에 부끄러워 말하지 못했다 하더라도 아무도 이해해주지 않습니다. 사실 부끄러워하는 것도 타인에게 부정적인 이미지를 심어줍니다.

제가 아는 한 외국인은 레스토랑에서 3살인 아이가 부모인 자신에게 '물을 마시고 싶다'라고 말하자 아이에게 '네가 직접 말하라'고 가르쳤다고 합니다. 이유를 물어보니 '부끄러워하는 것은 좋지 않아서'라고 답했습니다. 그들은 부끄러움을 느끼는 원인은 성격이 아니라 대화 연습이 부족하기 때문이라고 여깁니다. 그들은 부끄러워서 발언하지 않는 사람을 비난하지는 않지만, 사회인으로서 능력이 부족하다고 생각하겠지요.

영어에 자신이 없더라도 주변에 민폐를 끼치지 않도록 무슨 말이든 해야 할 때는 '**share**'를 써서 정중하고 부드러운 분위기를 만들며 발언해야 합니다.

다양한 국적, 가치관을 가진 외국인과 함께 일하는 환경에서 독선적인 사람으로 평가받는 것은 손해입니다. **자기 생각을 밀어붙이지 않고, 항상 상대방을 존중하며 의견을 공유하는 자세가 필요**합니다. 'let me share'를 활용하여 주눅 들지 말고, 자기 의견을 확실하게 전하세요.

### 📑 MORE EXPRESSIONS

제 아이디어를 공유하고 싶습니다.
* Let me share my idea with you.

이 문제에 관한 제 의견을 공유하고 싶습니다.
* I'd be happy to share my opinion on this issue.

이 문제에 관한 당신의 솔직한 의견을 말씀해주실 수 있나요?
* Could you share your honest opinion on this issue?

새 캠페인에 관한 아이디어를 공유하고 싶습니다.
* I'd like to share ideas about the new campaign with you.

당신의 생각을 공유해주셔서 감사합니다.
* Thank you for sharing your thoughts with us.

# I'd like to summarize the key points.

핵심 내용을 요약하겠습니다.

A: I'd like to summarize the key points.

핵심 내용을 요약하겠습니다.

B: That's helpful.

도움이 되겠군요.

A: At the root of this change are customers who want to work anytime, anywhere, and on any device.

이 변화의 원인은 고객들이 언제 어디서나 어떤 기기로도 일할 수 있기를 원하기 때문입니다.

B: And what else?

그 밖에는 없습니까?

A: We must provide customers a high-security business solution.

우리는 고객들에게 높은 수준의 보안 대책을 제공해야 합니다.

'summarize'로 정보를 정리한다

발표 혹은 회의 시 내용이 일단락될 때마다 틈틈이 앞 내용을 정리하면, 듣는 사람이 이해하기가 한결 쉬워집니다. 이때 활용할 수 있는 대표적인 세 가지 표현이 있습니다. 'summarize', 'sum up', 'conclude'입니다.

| summarize | '요약하다'라는 뜻으로, sum up과 같은 의미로 쓴다. |
| --- | --- |
| sum up | '요약하다'라는 뜻으로, summarize와 같은 의미로 쓴다. |
| conclude | 요약을 바탕으로 자기 나름의 결론을 말할 때 쓴다. |

먼저 'summarize'는 명사형인 'summary'도 널리 쓰이는 단어로, '요약하다'라는 의미입니다. 'sum up' 역시 같은 의미지요. 예를 들어 **"I'd like to summarize the key points**.(핵심 내용을 요약하겠습니다.)", **"Let me sum up my presentation**.(발표 내용을 요약하겠습니다.)"처럼 쓸 수 있습니다. 'summarize'와 'sum up'은 동일한 의미이므로, 자유롭게 선택하여 쓰면 됩니다.

'conclude'는 요약한 내용을 바탕으로 자기 나름의 결론을 내린다는 뜻입니다. 'summarize', 'sum up'과는 조금 다릅니다. 그래서 저는 **'summarize'로 요점을 정리한 뒤 마지막에 'conclude'로 저의 의견을 이야기합니다.** 아무리 설명을 잘해도 사람의 생각은 의외로 정확하게 전달되지 않을 때가 많습니다. 그러니 틈틈이 'summarize'를 써서 요점을 정리하여 상대방의 이해를 도와야 합니다.

### 결론을 내리기 전에 하는 말

보고할 때는 반드시 요점 정리가 필요합니다. 특히 상대방이 바빠서 꼼꼼히 살펴보지 못한다면, 내용이 제대로 전달되지 않겠지요. 그래서 발표나 회의를 할 때는 사이사이에 내용 정리를 알아챌 수 있는 표현을 넣어야 합니다.

가령 결론을 말하기 전에 발표가 거의 끝나갈 무렵이라는 점을 언급합니다. 그러고는 내용을 요약하고 결론을 말할 수 있겠지요.

**"Now I'm reaching the end of my presentation.**(이제 발표가 거의 끝나가고 있습니다.)"

**"Let me summarize the main points of today's presentation.**
(오늘 발표의 핵심 사항을 정리하겠습니다.)"

**"I'd like to conclude that our product is reliable and the most inexpensive.**(우리 제품은 믿을 수 있고 가장 저렴하다고 결론 내릴 수 있습니다.)"

이런 표현을 활용하면, 듣는 사람은 발표가 거의 끝나가고 있음을 알 수 있습니다. 일을 할 때는 서로에게 불분명한 점을 남기지 않아야 합니다. 그러므로 보고할 때는 반드시 요점을 정리하는 습관을 들이는 것이 좋습니다.

---

📑 **MORE EXPRESSIONS** ─────────────────

그럼 지금의 상황을 정리해봅시다.
- So let me summarize where we are.

이번 달에 우리가 한 일을 요약해봅시다.
- Let me sum up what we have done this month.

핵심 사항을 간략하게 결론지어 말하겠습니다.
- Let me briefly conclude my key points.

프레젠테이션의 결론을 간략하게 말씀드리겠습니다.
- I'd like to conclude my presentation by telling you a little story.

마지막으로 제 발표 내용을 정리하고 결론을 말씀드리겠습니다.
- Finally, I'll summarize the contents of my presentation, and conclude.

# 새로운 기획을
# 성공시키는 방법

 일을 할 때는 항상 진행 상황을 잘 전달해야 합니다.

그래서 상사나 고객에게 정기적으로 경과를 보고하면 좋습니다. 상

사가 말하기 전에 먼저 보고하는 자세를 가지세요.

## CHAPTER 10

> **UNIT 1**
> 사람의 마음을 움직이는 말

# I will launch a new advertising campaign.

새로운 광고 캠페인을 시작할 예정입니다.

(반드시 성공시키겠다는 의미를 포함한다.)

A: **I finally defined our annual campaign plans.**

드디어 연간 캠페인 계획을 결정했습니다.

B: **What plans do you have for the holiday season?**

휴가 시즌에는 어떤 계획이 있나요?

A: **I will launch a new advertising campaign in December.**

12월에 새로운 광고 캠페인을 시작할 예정입니다.

B: **That's a terrific idea! I hope it will go well.**

훌륭한 생각이군요. 잘되기를 바랍니다.

A: **I will definitely make this a success.**

반드시 성공시키겠습니다.

**새로운 기획을 시작할 때는 'launch'를 쓴다**

어떤 언어에든 사람의 마음을 움직이는 말이 있습니다. 그 중 하나가 'launch'입니다. 원어민에게는 '새로운 일이 시작되는 기대감과 설렘'을 느끼게 하는 말이지요.

단순히 'start'나 'begin'을 써도 되지만, 'launch'는 배가 출항할 때나 로켓을 발사할 때 느낄 수 있는 기대감과 설렘을 포함하고 있습니다. 새로운 프로젝트나 신규 사업을 시작할 때, 'launch'를 쓰면 사람들의 기대감을 높일 수 있습니다. 강한 열정을 느끼게 하는 단어로, 성공의 이미지를 떠올리게 하여 긍정적인 인상을 만듭니다.

| ◯ | launch | 신제품이나 새로운 기획이 성공할 것이라는 긍정적인 인상을 준다. |
| ✕ | start, begin | 단순히 시작한다는 의미다. |

또 'launch'는 지적인 느낌을 주는 단어입니다. 그러므로 **적극적으로 활용하여 자신의 기획이 얼마나 참신하고 훌륭한지 보여주세요.**

### 📋 MORE EXPRESSIONS

내년 2월에 새 제품을 발매할 예정입니다.
- I will launch a new product in February next year.

새로운 분야의 비즈니스를 시작해볼 예정입니다.
- I will launch a business in a new field.

프로젝트 관리자로서 새로운 일을 시작하려고 지금 준비하고 있습니다.
- I am now preparing to launch a new career as a Project Manager.

겨우 22살의 나이에 저는 첫 회사를 차렸습니다.
- I launched my first company when I was only 22.

최근에 미디어의 주목을 받고 있는 새 제품을 발매했습니다.
- I've recently launched a new product that has received media attention.

# I'll execute the plan from next week onwards.

다음 주부터 계획을 실행하려고 합니다.

A: I've defined the implementation plan for the campaign.
I'll execute the plan from next week onwards.

캠페인의 실행 계획을 정했습니다.
다음 주부터 계획을 실행하려고 합니다.

B: Could you explain that in more detail?

더 자세히 설명해주시겠어요?

A: We will define the detailed plan in the next two months.
First, we will have interviews with the senior management of each business department.
Then, we will conduct surveys for potential customers.

앞으로 2달 동안은 세부 계획을 세울 것입니다.
먼저, 각 사업부의 임원들과 인터뷰를 할 것입니다.
그러고 나서 잠재 고객에 관한 조사를 시행할 예정입니다.

B: Sounds so exciting.

흥미로운 이야기네요.

A: Yes, it is. I believe this campaign can help our growth.

네. 저는 이 캠페인이 우리 회사의 성장에 도움이 될 것이라고 믿고 있습니다.

**'execute'로 의지를 나타낸다**

'execute'는 단순히 실행한다는 의미의 'do'와 달리, '완벽하게 실행하다', '계획을 바탕으로 실행하다', '깊이 생각하여 실행하다' 등의 의미가 내포되어 있습니다.

| | | |
|---|---|---|
| ◯ | execute | 성공에 이르기까지 확실한 프로세스를 만들어 강한 의지로 수행한다는 뜻이다. |
| ✕ | do | 단순히 계획이나 작업을 수행한다는 뜻이다. |

그 밖에도 'execute'에는 법률 등을 '시행하다', 재판을 '집행하다', '연기하다' 등의 의미가 있습니다. 직무나 명령, 판결, 프로그램 등 결정된 사항을 실행에 옮길 때 쓰는 단어지요.

영화나 드라마에서 'execute'는 사형 집행의 의미로 자주 언급되지만, 비즈니스에서는 정해진 바를 실행한다는 의미로 쓰입니다. 특히 복잡하고 어려운 일을 하는 경우에 적합합니다.

**'execute'를 쓰면, 일이나 프로젝트의 계획을 추진할 때 '성공에 이르기까지 확실한 프로세스를 만들어 강한 의지로 수행한다'라는 뜻**을 나타낼 수 있습니다.

예를 들어 단순히 "I'll do all orders by end of this week.(이번 주말까지 모든 주문을 처리하겠습니다.)"라고 말하기보다 **'do'를 'execute'로 바꾸면, '해야 할 일을 생각하여 그것을 바탕으로 이번 주말까지 완벽하게 수행하겠다'라는 뜻**이 됩니다. 상사와 고객 역시 단순히 일만 하는 사람보다 끝까지 최선을 다하려는 의지가 강한 사람에게 더 좋은 인상을 받을 것입니다.

**'execute'의 파생어, 'executive'**

'execute'의 파생어에는 '간부, 중역'이라는 의미의 'executive'가 있습니다. 'executive'는 '다양한 업무를 수행하여 출세한 사람'이라는 뜻을 포함하고 있지요.

일을 할 때는 'execute'로 성공에 이르기까지 확실한 프로세스를 만들어 끝까지 완수하겠다는 강한 의지를 나타내야 합니다.

---

📑 **MORE EXPRESSIONS**

저는 혁신 계획을 위한 로드맵을 만들어 실행할 계획입니다.

- I will create and execute a roadmap for Transformation initiatives.

소비자 만족에 중점을 두고 새로운 전략을 실행할 계획입니다.

- I will execute the new strategy while focusing on customer satisfaction.

생산성 향상을 위해 필요한 조치를 취해나갈 예정입니다.

- I will execute necessary action for the improvement of productivity.

최신 제품에 대한 고객들의 주문에 대응해나갈 예정입니다.

- I will execute our customer's orders of our latest products.

열정을 가지고 모든 업무를 수행해나갈 예정입니다.

- I will execute every task with passion.

3-8-3

# I'm committed to providing the best customer experience in the industry.

업계에서 최고 수준의 고객 경험을 제공하는 데 전념하고 있습니다.

A: I've considered new strategies to improve customer satisfaction.

고객 만족도를 높이기 위한 새로운 전략을 고민하고 있습니다.

B: How can you manage customer satisfaction?

어떻게 고객 만족도를 끌어올릴 수 있나요?

A: I'm committed to providing the best customer experience in the industry.

업계에서 최고 수준의 고객 경험을 제공하는 데 전념하고 있습니다.

B: How can you provide the best customer experience?

어떻게 최고 수준의 고객 경험을 제공할 수 있습니까?

A: Sure. Let me share my plan with you.

네. 제 계획을 말씀드리겠습니다.

■■■■■ 'commit'로 성공을 향한 의지를 나타낸다

'최선을 다하다', '열심히 하다'를 의미하는 표현으로 흔히 'do the best', 'try the best'를 떠올리지만, 비즈니스 현장에서 쓰기에는 **commit**가 더 적절합니다.

| ◯ | commit | 목적과 목표를 달성하기 위해 책임감을 가지고, 적극적으로 노력하고, 나아가 반드시 성과를 내겠다는 의미를 포함한다. |
|---|---|---|
| ✕ | do(try) the best | 열심히 하지만, 성공할 수 있을지 알 수 없으며, 일단 열심히 하고 본다는 느낌을 준다. |

'do the best'는 (성공할 수 있을지 없을지 모르지만) 노력하다'라는 의미인 데 반해, **'commit'**는 '(반드시 성공할 것을 확신하며) 노력하다'라는 뜻입니다.

처음에는 서툴지만 언젠가 어엿한 사회인으로서 제 몫을 다하는 날이 오기를 기다리는 마음으로, 'do the best'를 쓸 수도 있겠지요. 하지만 글로벌 사회에서는 어떤 회사의 어떤 직책에든 직무기술서(job description)가 있어, 각자가 해야 할 직무가 명확하게 정해져 있습니다. 신입이라도 예외 없이 '달성해야 할 성과'가 분담되어 있지요.

■■■■■ 어엿한 사회인으로 인정받기 위해서는

글로벌 사회에서 "I will do my best."라고 말하면, 상대방은 '그것만으로는 충분하지 않다. 결과를 내야 한다'라고 생각할 것입니다. 결과, 즉 성과를 내지 못하면 제 몫을 다하는 사회인으로서 인정받을 수 없습니다.

다시 말해 회사에서 일한다는 말은 단순히 열심히 하는 것만을 의미하지 않습니다. 성과를 내야 하지요. 그것은 영어 실력이 부족한 비원어민도 마찬가지입니다. 원어민이든 비원어민이든 글로벌 사회에서 일하는 한 **'commit'**로 '목적과 목표를 달성하기 위해 책임감을 갖고 적극적으로 노력

하는' 모습을 보여줘야 합니다.

글로벌 사회에서 성과를 내기 위해서는 그냥 열심히 하는 것이 아니라 성공으로 이어지는 노력을 해야 합니다. 'do the best'로 단순히 최선을 다하는 것이 아니라 'commit'로 책임감을 갖고 노력한다는 점을 어필하세요. 회사에서는 성과를 내지 않으면 인정받을 수 없습니다. 모국어가 아닌 영어를 써야 하는 불리한 입장에 있기 때문에 오히려 비원어민은 일에 몰두하는 의지를 분명하게 표현해야 합니다. 책임감과 노력으로 반드시 성공하겠다는 기개를 보여주면, 주변 사람들에게 좋은 인상을 남길 수 있습니다.

### 📑 MORE EXPRESSIONS

주변 사람들에게 긍정적인 에너지를 주기 위해 최선을 다해 노력하고 있습니다.

- I'm committed to spreading positive energy to the people around me.

고객 만족도에 전념하고 있습니다.

- I'm committed to customer satisfaction.

고객들의 업무 혁신을 실현하는 데 몰두하고 있습니다.

- I'm committed to promoting customers' business transformation.

올해 저는 새 제품을 발매하여 인기 상품으로 만드는 데 전념하고 있습니다.

- This year I'm committed to launching a new product and making it a popular one.

올해 저는 판매를 2배로 증진해 3백만 달러 수익 달성을 위해 전념하고 있습니다.

- This year I'm committed to doubling our sales with a revenue goal of $3M.

**UNIT 4**
성과에 대한 의지를 보여준다

# I aim to double revenue through the project.

저는 프로젝트를 통해 수익을 2배로 끌어올릴 것을 목표로 하고 있습니다.

A: **After the pilot of the SFA (Sales Force Automation) project, our sales improved.**

SFA(Sales Force Automation, 영업 자동화) 프로젝트의 파일럿 테스트 이후, 매출이 올랐습니다.

B: **In short, we can improve sales productivity, right?**

요컨대, 영업 생산성을 향상할 수 있다는 뜻입니까?

A: **I'm sure we can. First, let me share with you what we have identified through the pilot.**

맞습니다. 먼저 파일럿 테스트를 통해 우리가 확인한 바에 대해 말씀드리겠습니다.

B: **Sure, no problem.
Also, could you tell me how much improvement we can expect through the project?**

좋습니다.
또 이 프로젝트를 통해 우리가 어느 정도의 향상을 기대할 수 있는지도 말해줄 수 있나요?

A: **I would be happy to.
We can significantly improve sales productivity.
Thus, I aim to double revenue through the project.**

알겠습니다.
영업 생산성이 상당히 향상될 것입니다.
따라서 저는 프로젝트를 통해 수익을 2배로 끌어올릴 것을 목표로 하고 있습니다.

목적과 성과에 대한 의지를 나타내는 'aim'

앞으로 할 일에 관해 말할 때 'I will ~(~을 할 예정이다)', 'I think ~(~라고 생각하다)'를 쓰는 사람이 많습니다. 평소에는 상관없지만, **'반드시 성과를 내겠다!'라는 강한 의지를 전하고 싶을 때는 'aim'이 더 적절합니다.**

| | | |
|---|---|---|
| ◯ | aim | 실현 가능한 목표와 목적을 머릿속에 그려놓고, 그 실현을 위해 이미 행동하고 있다는 인상을 준다. 반드시 성과를 내겠다는 의지를 담아 말할 때 쓴다. |
| ✕ | will, think | 단순히 목표와 목적을 실현한다는 인상만 준다. 성과를 내겠다는 의지가 느껴지지 않는다. |

'aim'은 '(총 등을) 조준하다, 겨냥하다, 목표하다'라는 뜻의 단어입니다. **실현 가능한 목표나 목적을 머릿속에 그려놓고, 이미 행동하고 있음을 보여주고 싶을 때 씁니다.**

자신감을 어필한다

회사에서는 성과가 중요하므로, '성과를 내겠다는 의지'를 상사나 고객에게 보여줘야 합니다. 특히 해외에서 활동하는 비원어민들은 원어민 이상으로 좋은 성과를 내며 존재 가치를 보여줘야 합니다. 그러므로 단순히 의사를 나타내는 'I will ~'이나 'I think ~'만이 아니라 때로는 **'aim'이라는 단어로 자신감을 강하게 어필할 필요가 있습니다.**

구체적인 목표 수치를 제시하고 싶을 때는 "**I aim to double revenue through the project.**(저는 프로젝트를 통해 수익을 2배로 끌어올릴 것을 목표로 하고 있습니다.)"라고 말합니다. 이때 'aim'은 앞으로 얻게 될 성과를 강조합니다. 'aim'을 활용하여 성과를 향한 패기와 의지를 분명하게 전하세요.

새로운 고객 300명을 유치할 것을 목표로 하고 있습니다.
- I aim to acquire 300 new customers.

가능한 한 최고의 서비스를 제공할 것을 목표로 하고 있습니다.
- I aim to give the best possible service.

동남아시아 시장에서의 판매 증진을 목표로 하고 있습니다.
- I aim to expand sales in the South East Asian market.

싱가포르에 새 사무실을 낼 예정입니다.
- I aim to launch a new office in Singapore.

다른 사람의 성장을 도울 수 있도록 스스로 성장하는 것을 목표로 하고 있습니다.
- I aim to grow so that I could help others grow.

3-8-5

# I am willing to commit to achieving a 120% increase in sales year-over-year.

매년 120%의 성장을 달성하기 위해 노력하고자 합니다.

A: I am willing to commit to achieving a 120% increase in sales year-over-year.

매년 120%의 성장을 달성하기 위해 노력하고자 합니다.

B: Are you serious?

정말인가요?

A: I'd be happy to share with you my sales plan to make this happen.

그것을 가능하게 하는 영업 계획을 말씀드리고자 합니다.

B: Excellent! Keep up the good work.

좋아요! 계속 그렇게 해줘요.

A: Thanks. I will!

감사합니다. 해내겠습니다!

'achieve'로 팀의 동기를 자극한다

일을 할 때는 성과를 내는 것이 중요합니다. 그리고 글로벌 환경에서는 달성한 성과를 스스로 상사나 부서에 알리는 작업도 필요합니다.

비즈니스 세계에서는 안타깝게도 스스로 말하지 않으면, 아무도 알지 못한 채 자신의 성과가 묻힐 수도 있습니다. 성과주의로 움직이는 글로벌 사회에서 살아남기 위해서는 '자신의 성과를 의도적으로 다른 사람에게 알리는' 과정도 잊어서는 안 됩니다. 그리고 그럴 때 필요한 단어가 바로 'achieve'(달성하다)'이지요.

'achieve'는 '오랜 고생과 노력으로 목표를 달성하다'는 뜻입니다. 성과를 보고할 때는 "**We achieved a 50% increase in sales year-over-year.**"처럼 achieve를 활용해서, '노력으로 매년 50%의 매출 증가를 달성했다'라고 표현할 수 있습니다.

글로비시(장 폴 네리에르가 고안한. 비영어권 사람들의 효과적인 의사소통을 위한 쉽고 간결한 영어-역주)가 추천하는 쉬운 영어 'make'나 'do'를 쓰면 단순히 '매출이 50% 증가했다'라는 사실만 전하는 뉘앙스가 강합니다. 어려운 목표를 달성했다는 느낌이 들지 않아 좋은 보고라고 할 수 없습니다.

| | | |
|---|---|---|
| ◯ | achieve | 오랜 고생과 노력으로 목표를 달성하는 것을 의미한다. 성과를 보고할 때 쓰기 적절한 표현이다. |
| ✕ | make, do | 단순히 목표를 달성한 사실만을 전달한다. 그동안 기울인 노력은 전할 수 없다. |

제가 존경하는 미국의 전 대통령 존 F. 케네디의 동생이자 '바비(Bobby)'라는 애칭으로도 유명한 정치인 로버트 케네디는 이런 말을 했습니다.

"Only those who dare to fail greatly can ever achieve greatly.
(크게 실패하는 것을 두려워하지 않는 사람만이 크게 성공할 수 있다.)"

'achieve'는 목표를 세우고 많은 노력을 기울여 마침내 성공하는 강인한 의지를 느끼게 하는 말입니다.

152

주어 'we'로 일체감을 만든다

글로벌 사회에서는 국적과 종교, 언어 등이 다양한 사람들을 하나로 응집시키기 위해 의도적으로 팀을 의식하게 하는 말을 쓰기도 합니다. 목표 달성, 성과를 모두에게 보고할 때는 'increased(증가했다)'가 아니라 'achieved'를 쓰고, 나아가 주어를 'we'로 하여 '우리가 하나의 팀으로 협력하여 달성했다'라고 말하면 일체감을 조성할 수 있습니다.

또 "**We will achieve I million dollars in sales**!(우리는 매출액 백만 달러를 달성할 것입니다!)"라고 팀의 목표를 모두에게 알리면서 의욕을 북돋을 때도 씁니다. achieve를 쓰면, 팀의 사기를 높이고 팀원들의 동기를 자극하는 효과도 있습니다.

📑 **MORE EXPRESSIONS**

저는 새 직원들이 잠재력을 최대한 발휘할 수 있도록 도울 것입니다.
- I will help new employees achieve their full potential.

우리는 최선을 다해 노력하여 목표를 이룰 수 있습니다.
- We can achieve our goals through hard work.

우리는 점진적인 판매 증진을 이뤄낼 것입니다.
- We have achieved a gradual increase in sales.

우리는 하나의 팀으로 새로운 판매 기록을 달성했습니다.
- We achieved a new sales record as one team.

이 액수는 우리에게 너무 높습니다. 이 견적서에서 뭔가 비용을 절감할 수는 없을까요?
- This total is too high for us. Could we achieve any cost reduction on this quotation?

# I will generate a lot of leads through the promotion.

이번 판촉 활동을 통해 많은 예상 구매자를 유치할 것입니다.

(그에 대한 프로세스를 마련하겠다는 의미도 포함한다.)

A: I will launch a new promotion next week.

다음 주에 새로운 판촉 활동을 시작할 예정입니다.

B: Great. But you need more sales to meet our annual sales target.

좋아요. 하지만 연간 판매 목표를 달성하기 위해 판매를 증진해야 해요.

A: I know. Don't worry.
I'm sure that I will generate a lot of leads through the promotion.

알고 있습니다. 걱정하지 마세요.
이번 판촉 활동을 통해 많은 예상 구매자를 유치할 수 있다고 확신합니다.

B: That's great.
Why do you think so?

아주 좋아요.
왜 그렇게 생각하죠?

A: Last year I generated 20% more sales than the previous year with a similar promotion.

작년에 비슷한 판촉 활동으로 그 전해보다 20% 더 판매를 증진시켰습니다.

### 'generate'를 통해 목표 달성을 약속한다

회사에서는 성과를 내는 것도 중요하지만, 프로세스를 마련하는 것도 중요합니다. **'generate'는 필요한 프로세스를 거쳐 이익을 만들어내는 것을 뜻하는 단어입니다.**

'make'가 아닌 'generate'를 쓰면, **자신의 의지로 프로세스를 만들고 그 결과로 목표를 달성하겠다는 결의**를 보여줄 수 있습니다. 그리고 우연히 얻는 '일회성의 성과가 아니라 재현 가능한 성과'를 실현한다는 인상을 줍니다.

또 'generate'는 'generator(발전기)'에서 연상되듯이 전력을 만든다는 의미도 포함하고 있어 뭔가를 만들어내는 강인한 이미지도 떠올리게 합니다. 앞에서 소개한 'achieve' 역시 목적 달성을 의미하는 단어입니다. 명확한 목적과 목표가 있는 경우에 활용할 수 있으며, 팀원들의 의욕을 북돋울 때에도 효과적으로 쓸 수 있습니다.

### 'achieve'와 'generate'의 어감 차이

'achieve'와 'generate'는 둘 다 사용할 수 있지만, 개인적으로는 'generate'가 더 강한 열정을 느끼게 한다고 생각합니다. 비영어권 사람들도 목표 달성에 관해 이야기할 때는 **'achieve'보다 'generate'를 쓰는 경우가 더 많습니다.**

| | | |
|---|---|---|
| ○ | generate | 스스로 프로세스를 만들고 그 결과로써 목표를 달성하려는 의지를 나타낸다. 또 우연히 얻는 일회성의 성과가 아니라 프로세스를 기반으로 재현 가능한 성과를 실현한다는 인상을 준다. |
| ○ | achieve | 명확한 목적과 목표가 있는 경우에 쓸 수 있으며, 팀의 의욕을 높이는 데도 효과적이다. 자신이 이뤄낼 성과를 향한 강한 열정을 나타내고 싶을 때는 'generate'가 더 적절하다. |
| ✕ | make | 단순히 목표나 목적을 실현한다는 뜻이다. 성과를 향한 의지가 느껴지지 않는다. |

비즈니스 세계에서는 이익을 내는 것이 매우 중요합니다. 이익을 나타 내는 'profit'과 함께 **"We will generate profit.**(우리는 이익을 낼 것입니다.)"라고 말하면, 앞으로 점차 이익을 증진시켜 나가겠다는 강력한 의지를 표현할 수 있습니다. 또 'generate leads', 'generate sales', 'generate opportunities' 등도 자주 씁니다.

---

📑 **MORE EXPRESSIONS** ————————————————————————————

이번 판촉 활동을 통해 예상 구매자를 유치할 예정입니다.

- I will generate leads through this promotion.

새로운 캠페인을 통해 작년보다 2배 이상의 판매 증진을 달성할 것입니다.

- I will generate over twice as many sales as last year through the new campaign.

고객들이 더 많은 것을 성취할 수 있는 기회를 제공할 예정입니다.

- I will generate opportunities so as to help customers achieve more.

이번 광고를 통해 귀사에 대한 관심을 불러일으킬 것입니다.

- I will generate interest in your company through this advertisement.

우리는 협업을 통해 다양하고 좋은 아이디어를 창출해낼 것입니다.

- We can generate a lot of good ideas through collaboration.

# I'm making great progress toward the goal of this fiscal year.

이번 회계 연도의 목표를 향해 순조롭게 진행되고 있습니다.

A: **It's been almost one month since my last update.**

지난번 보고 이후 거의 한 달이 지났군요.

B: **How's the sales forecast going?**

판매 예측은 어떻게 되고 있나요?

A: **Based on sales figures of the past two weeks, I'm making great progress toward the goal of this fiscal year.**

지난 2주 동안의 판매 수치를 바탕으로 생각하면, 이번 회계 연도의 목표를 향해 순조롭게 진행되고 있습니다.

B: **Brilliant! What can we expect the final result of the year to be?**

훌륭해요! 올해의 마지막 결과는 어떻게 기대할 수 있습니까?

A: **It should be very positive. You won't be disappointed.**

아주 긍정적으로 보입니다. 실망하지 않으실 거예요.

---

일이 진행 상황을 말할 때는 'progress'를 쓴다

글로벌 사회에서 인정받는 사람은 일의 진행 상황을 보고할 때 긍정적인 언어를 씁니다. 그 대표적인 단어가 바로 'progress'입니다. 'move', 'go' 등의

단어는 단순히 작업이 진행되는 상태만을 뜻하지만, 'progress'는 일이 목적을 향해 진전되고 있다는 느낌을 줍니다. 게다가 'make progress'는 프로젝트나 업무가 문제없이 순조롭게 진행되고 있는 상태를 나타냅니다.

| ◯ | progress | 문제없이 일이 순조롭게 진전되고 있다는 느낌을 준다. |
|---|---|---|
| ✕ | move, go | 좋은 상황인지 아닌지에 상관없이 그저 일하고 있다는 느낌만 준다. |

보고할 때 'progress'를 쓰면, 상사나 고객에게 안도감을 줄 수 있습니다. 팀원들에게도 '모두 협력하여 순조롭게 일을 해나가고 있다'는 인상을 심어줄 수 있습니다.

다양한 외국인들과 함께 일하려면, 동료의식과 업무 동기를 자극하여 팀의 생산성을 극대화해야 합니다. 또 진행 상황을 보고할 때는 성공을 향한 강한 의지를 담아 긍정적으로 표현해야 한다는 사실을 잊지 마세요.

---

### 📑 MORE EXPRESSIONS

저는 영어 공부를 착실하게 하고 있습니다.
- I am making progress with my English studies.

우리의 핵심 사업을 개선하고 있습니다.
- I am making progress in improving our core business.

지난 6개월 동안 상당한 진척을 이뤄냈습니다.
- I have made significant progress over the past six months.

보고서는 작성 중입니다.
- The report is in progress.

지난달 이후 프로젝트에 진척이 있습니까?
- Is there any progress in the project since last month?

# Let me monitor the progress.

(지속적으로) 경과를 지켜보겠습니다.

A: Last year, I achieved a 140% increase in sales year-over-year.

지난해에는 그 전년 대비 140%의 판매 증진을 달성했습니다.

B: However, sales have suddenly decreased by 20% in recent days. It seems that the campaign has become ineffective.
You need to take action to stop it.

하지만 최근에 갑자기 판매가 20%나 떨어지고 있습니다. 아무래도 캠페인이 효과가 없었던 것으로 보이네요.
판매 하락을 멈출 수 있는 조치가 필요합니다.

A: I understand your point.
Let me monitor the progress.

알겠습니다.
(지속적으로) 경과를 지켜보겠습니다.

B: Keep me updated.
Let's revisit this issue next month.

계속 나에게 보고해줘요. 다음 달에 이 문제를 다시 살펴보도록 합시다.

A: Will do!

네!

---

정기적으로 경과를 확인한다는 의미의 'monitor'

맡은 업무나 프로젝트의 경과를 관리하고 지켜봐야 할 때가 있습니다. 그럴 때는 다음과 같은 단어를 쓸 수 있지요.

| look | (의식적으로 시선을 향하여) 보다 |
|---|---|
| see | (시야에 비치는 대상을) 보다 |
| watch | (움직이는 대상을) 응시하다 |
| observe | 관찰하다 |
| confirm | 확인하다 |

하지만 이런 단어들은 단순히 시각적으로 보고 관찰하는, 일시적인 확인을 의미합니다. 지속적으로 확인할 때 쓰는 말은 'monitor'입니다

| ○ | monitor | 정기적으로 경과나 상황을 확인한다는 뜻이다. |
|---|---|---|
| ✕ | look, see, watch, observe, confirm | 시각적으로 보고 관찰한다는 뜻으로, 일시적인 확인을 의미한다. |

'monitor'에는 '끊임없이 관찰하고, 끊임없이 감시하다'라는 의미가 포함되어 있습니다. 그래서 '시간을 들여 정기적으로 경과나 상황을 확인한다'라는 뜻으로 쓸 수 있지요.

일을 하다 보면 중대한 안건을 그 자리에서 바로 결정해야 하는 상황에 몰릴 때도 있습니다. 하지만 그 자리에서 바로 답을 내릴 수 없을 때, 'monitor'라는 말을 씁니다.

**"Let's monitor the progress."** 는 '제대로 경과와 상황을 지켜본 후 판단하자'라는 뜻으로, **바로 답할 수 없는 일을 긍정적인 말로 에둘러 표현할 때 쓸 수 있습니다.**

■ 정기적으로 지켜본다는 말은 안도감을 준다

정기적으로 일의 경과를 지켜보고 있다고 말하면, 상사나 고객에게 안도감을 줄 수 있습니다. 단순히 일회성으로 확인한다는 뜻이 아니라 '정기적이고 지속적으로 관찰하고 보고하면서 사소한 부분도 놓치지 않는다'는 점을 넌지시 비춰야 합니다. 상대방을 안심시킬 수 있는 말로 신뢰감을 높이세요.

### 📑 MORE EXPRESSIONS

결정을 내리기 전에 판매 상황을 지켜봅시다.
- Let's monitor sales before making a decision.

분쟁 조정의 진행 상황을 지켜봐야 합니다.
- I need to monitor the progress of the troubleshooting.

프로젝트가 일정대로 진행되고 있는지 경과를 지켜봐야 합니다.
- I need to monitor the progress of the project to ensure that the project is on time.

관련 고객들과 마주하는 모든 접점에서 소비자 행동을 지켜볼 예정입니다.
- I'll monitor consumer behavior at all relevant consumer touch-points.

고객들의 사업에 기여할 수 있도록 업무 성과를 확인할 예정입니다.
- I'll monitor work performance so as to contribute to our customer's business.

# Let me consider other options before making a decision.

결정하기 전에 다른 선택지도 검토해보겠습니다.

A: **Let me consider other options before making a decision.**

결정하기 전에 다른 선택지도 검토해보겠습니다.

B: **If you wouldn't mind, may I ask you what you will consider?**

괜찮으시다면, 무엇을 검토하실지 물어봐도 될까요?

A: **Your product is really great, but isn't it rather expensive?**
**Your price seems to be 10% higher than the market price.**

귀사의 제품은 정말 훌륭하지만, 조금 비싸지 않나요?
시장 가격보다 10정도 더 비싸 보입니다.

B: **Understand. But, kindly note that our product has more advanced features than other products.**

이해합니다. 하지만 우리 제품은 다른 제품들보다 더 뛰어난 기능을 가지고 있다는 점을 알아주시길 바랍니다.

A: **You may be right, but do customers really appreciate such features?**
**I need to consider other options if no discounts are available.**

맞는 말씀이지만, 소비자들이 그 기능들을 정말 알아볼까요?
할인이 불가능하다면, 저는 다른 선택지를 생각해야 할 것 같습니다.

### 'consider'로 신중한 이미지를 얻는다

심사숙고하여 결정해야 하는 상황에 맞닥뜨릴 때가 있지요. 그런 중요한 순간에 'think'로만 말한다면, 생각이 얕은 사람으로 보일 수 있습니다. 그럴 때는 "**Let me consider other options before making a decision.**(결정하기 전에 다른 선택지도 검토해보겠습니다.)"라고 말하세요. '숙고하다'라는 의미의 '**consider**'로 신중한 사람이라는 인상을 줄 수 있습니다.

| | | |
|---|---|---|
| ○ | consider | 신중하게 생각한다는 의미로, 심사숙고한 뒤 결정해야 하는 상황에 적절한 표현이다. |
| ✕ | think | 단순히 '생각하다'라는 뜻이다. 'think over', 'think carefully', 'think through' 등의 표현으로 consider와 동일하게 쓸 수 있다. |

중요한 순간임에도 바로 결정할 수 없는 상황에는 'consider'를 쓰세요. "**We need to consider this before we make a decision.**(결정하기 전에 신중하게 생각해야 합니다.)"라는 구문을 활용하면, 다른 선택지도 신중하게 검토한 뒤 결정하겠다는 뉘앙스를 풍깁니다.

### 검토한다는 말은 거절의 뜻이 아니다

간혹 "**Let me consider it.**(검토해보겠습니다.)"라는 말이 오해를 낳기도 합니다. '검토해보겠다'라는 말이 거절을 뜻한다고 생각하는 사람들이 있습니다. 거절하기 어려워서 에둘러 말한다고 생각하는 것이지요.

하지만 영어를 쓰는 환경에서는 '**검토하다=consider**'는 '꼼꼼하게 검토한 뒤 대답하겠다'라는 긍정적인 뜻입니다. 그러니 처음부터 거절할 생각으로 'consider'를 언급하는 것은 아닙니다. 글로벌 사회에서는 가능성이 없다고 판단되면, 대부분 명확하게 거절 의사를 밝힙니다.

그럴 때는 "**I can't accept your proposal.**(당신의 제안은 받아들일 수 없습니다.)", "**I must decline your proposal.**(당신의 제안을 거절해야겠네요.)" 등 확실하게 거절하는 표현을 씁니다.

---

📑 **MORE EXPRESSIONS** ─────────────────────────

결정하기 전에 당신의 제안을 검토해보겠습니다.
- Let me think over your proposal before making a decision.

당신의 제안서에 관해 상사와 신중하게 생각해보겠습니다.
- I will think carefully about your proposal with my manager.

결정하기 전에 신중하게 생각해보고 싶습니다.
- I'd like to think this through before making a decision.

이직에 관해 진지하게 생각하는 중입니다.
- I am contemplating a job change.

결정하기 전에 두 시간 동안 심사숙고했습니다.
- I deliberated for two hours before reaching a decision.

# 효과적으로 자신을
어필하는 방법

## CHAPTER 9

● 　　　　글로벌 사회에는 다양한 국적의 개성 넘치는 사람들이
모여 있습니다. 그리고 언제 해고될지 예측할 수도 없지요. 살아남
기 위해서는 적극적으로 자신을 알려야 합니다.

## CHAPTER 11

**UNIT 1**
일에 대한 사명감을 표현한다

# I'm fulfilling my personal mission.

저는 개인적인 사명을 수행하고 있습니다.

A: **I'm fulfilling my personal mission. I dream to become a bridge between Asia and my country.**

저는 개인적인 사명을 수행하고 있습니다.
아시아와 우리나라의 가교 역할을 할 수 있기를 바라고 있어요.

B: **That's interesting.**

흥미롭네요.

A: **I'm keen to make an impact as a regional manager, through collaborations with Asian people.**

아시아 사람들과 협력하여 지역 관리자로서 영향을 주고 싶어요.

B: **What's exciting about working at multinational companies?**

다국적 기업에서 일하면 어떤 점이 흥미롭나요?

A: **The best part of working at multinational companies is that we can share various sets of values.**

다국적 기업에서 일해서 가장 좋은 점은 다양한 가치관을 공유할 수 있다는 점입니다.

### "fulfill one's mission"으로 사명감을 표현한다

영어 실력이 부족해도 자신의 목표나 꿈을 이야기하면서 주변 사람들을 격려하고 감화시키고자 노력하는 사람들이 있습니다. 그럴 때 쓸 수 있는 말이 'fulfill'입니다.

'fulfill'은 '(소망, 의무, 직무 등을) 다하다, 완수하다'라는 의미로, 강한 의지를 담고 있는 말입니다. 또 **"fulfill one's mission"** 구문은 **'사명감을 갖고 일에 몰두한다'**라는 뉘앙스가 느껴집니다.

언어, 국적, 종교, 문화, 가치관 등이 다른 외국인들과 일할 때는 **'사명감을 갖고 일에 몰두하는 자세'**를 보여주는 것이 중요합니다. 그저 기계적으로 일하는 것이 아니라 **주어진 역할과 자신이 할 수 있는 사명을 완수한다는 말로 개인적 신념을 전할 수 있습니다.**

제가 한때 1년 2개월 동안 깊은 좌절에 빠져 있었을 때, 손 마사요시 소프트뱅크 회장의 "꿈은 크게, 뜻은 높게"라는 말에 큰 감명을 받은 적이 있습니다. 그리고 해외에서 활약하여 일본과 아시아의 가교가 되겠다는 '뜻'을 세웠지요. **"I'm fulfilling my personal mission.**(저는 개인적인 사명을 수행하고 있습니다.)"라며 주변 사람들에게 공언하기도 했습니다. 그런 저의 모습이 인상 깊었던지 여러 사람들의 도움을 받아 처음으로 매출 목표를 달성할 수 있었지요.

### '뜻'은 사람을 움직인다

글로벌 사회에서 인정받는 사람은 항상 주변 사람들과 정보를 나누고 적극적으로 자신의 의견을 말합니다. 적극적으로 정보를 공유하고 신뢰와 존경을 받으면, 자신의 꿈과 목표에 공감해주는 동료가 늘어납니다. 그리고 필요할 때 기꺼이 도와주는 사람도 많아지지요.

자기 일만으로도 바쁜데 먼저 나서서 남을 도와주는 사람은 거의 없습니다. 다양한 사람들이 모여 있는 글로벌 기업에서도 특별한 이유 없이 주변 사람의 일을 도와주는 경우는 거의 없습니다.

하지만 혼자서 할 수 있는 일에는 한계가 있습니다. 그러므로 자신의 꿈과 뜻을 명확히 밝히고 공유하여 주변 사람들의 공감과 응원을 이끌어내 돈독한 관계를 맺는 것이 중요합니다.

## 📑 MORE EXPRESSIONS

저는 모든 사람에게 주어진 사명이 있다고 믿어요.

- I believe everyone has a mission to fulfill.

우리는 회사의 임무를 수행하고 있어요.

- We are fulfilling the company's mission.

저는 우리 회사를 10년 후에는 모든 사람이 아는 회사로 만드는 꿈을 실현해나가고 있어요.

- I am fulfilling my dream to make my company into the company that everyone knows in 10 years.

우리는 일본 밖에서 일하는 꿈을 실현할 수 있어요.

- We can fulfill our dream to work outside of Japan.

아무리 작은 꿈이라도 우리가 실현할 수 있다면, 삶은 더 행복해질 거예요.

- No matter what little dream we have, if we can make it happen, our life would be happier.

# I focus on the standardization of processes.

저는 프로세스의 표준화에 주력하고 있습니다.

A: I focus on the standardization of processes.

저는 프로세스의 표준화에 주력하고 있습니다.

B: Can you tell me the reason?

그 이유가 뭐죠?

A: It's because the Asian market is diverse.
Standardization will help improve efficiency and productivity from a regional perspective.

아시아 시장이 다양하기 때문입니다.
표준화는 지역적 관점에서 효율성과 생산성을 높이는 데 기여할 것입니다.

B: That's true. I think it's worth the cost and effort.
Is everything going well?

그렇군요. 비용과 노력을 들일 가치가 있겠어요.
순조롭게 진행되고 있나요?

A: Fortunately, everything is going well as planned.

다행히 모든 것이 계획대로 잘되고 있습니다.

빠르게 업무를 처리해야 하는 비즈니스 세계에서 착오나 실수 때문에 일을 처음부터 다시 해야 한다면, 정말 난감하겠지요. 게다가 부족한 영어 실력 때문에 의사소통에 착오가 생긴다면, 잘못된 방향으로 일이 진행될 수도 있습니다. 그러면 시간을 허비하게 되겠지요. 원어민보다 소통에 실수가 생기기 쉬운 비원어민은 특히 더 꼼꼼하게 확인하며 일해야 합니다. 그럴 때 활용 가능한 구문이 **"I focus on the standardization of processes.**(저는 프로세스의 표준화에 주력하고 있습니다.)**"**입니다.

'focus'는 하나의 일에 초점을 맞춘다는 뜻입니다. **'focus'**로 어떤 분야의 어떤 작업에 주력하고 있는지 알리고, 서로 제대로 이해하고 있는지 확인해야 합니다.

또 'focus'는 'just do ~(그저 ~을 하다)'와는 달리, 다른 일에는 신경 쓰지 않고 오로지 하나의 일에만 몰두한다는 인상을 줘서 신뢰감을 높입니다. 'focus'로 특정 업무에 주력하고 있다는 사실을 알리면, 상사나 고객이 원하는 바와 맞지 않을 경우 서로의 의견 차이를 신속하게 확인하고 수정할 수 있습니다. 시간과 노력을 허비하지 않을 수 있지요.

'focus'는 또한 팀원이나 부하 직원에게 피드백을 줄 때도 유용합니다. **"You need to focus on your task.**(자기 일에 집중해야 해요.)**"**처럼 **고쳐야 할 부분을 자연스럽게 알려줄 수 있습니다.** 팀원들끼리 주고받는 적절한 피드백은 팀의 역량을 높이는 데 중요합니다. 요즘은 상사가 부하에게만이 아니라 그 반대로 부하 직원이 상사를 평가하거나 피드백을 주는 경우도 종종 있습니다. 서로 피드백을 주고받으면, 각자 재능과 창조성을 발휘하여 함께 성장할 수 있습니다.

'focus'로 가장 전하고 싶은 바를 강조하고, 서로의 생각에 차이가 있는지 확인해보세요.

## 📄 MORE EXPRESSIONS

저는 가장 어려운 과제에 집중하고 있습니다.

- I will focus on the most difficult tasks.

저는 팀원들의 성공에 중점을 두고 있습니다.

- I will focus on the success of my team members.

가장 큰 가치를 만들어내는 일에 주력하고 있습니다.

- I will focus on work that brings the most value.

올해 커뮤니케이션 기술을 향상시키는 데 주력하고 있습니다.

- I will focus on developing communication skills this year.

사내의 해외유학 장학제도에 합격하기 위해 영어 공부에 집중하고 있습니다.

- I will focus on studying English to pass the in-company overseas-study scholarship.

UNIT 3
노력으로 극복하는 이미지를 보여준다

# I'm facing a big challenge.

저는 지금 큰 과제를 앞에 두고 있어요.

A: I'm facing a big challenge.

저는 지금 큰 과제를 앞에 두고 있어요.

B: Is it the issue you mentioned last month?

지난달에 언급한 그 문제인가요?

A: No, that was already resolved. This is a new challenge.

아니요, 그건 이미 해결했습니다. 새로운 문제입니다.

B: What is it?

무엇인가요?

A: We are losing sight of the original goal. Rather than standardizing processes, we are only implementing a new IT system in Asia.

우리는 원래의 목표를 잊고 있어요. 프로세스의 표준화보다 아시아 지역의 새로운 IT 시스템 구축에만 몰두하고 있어요.

---

'problem'보다는 'challenge'를 쓴다

비즈니스 영어에서는 어떤 상황에서든 긍정적인 이미지를 줘야 합니다. 역경에 맞닥뜨리더라도 적극적으로 해결하는 자세가 중요하지요. 그럴 때 필요한 단어가 'challenge'입니다.

'challenge'의 뜻을 흔히 '도전하다'로 알고 있지만, 단순히 해본다는 뜻이라면 'try'가 더 어울립니다. 'challenge'에는 '시합에 도전하다, 이의를 제기하다' 등의 의미도 있습니다. 예를 들어 "He challenged the decision of the court.(그는 재판소의 결정에 이의를 제기했다.)"라고 말할 수도 있습니다. 그러므로 그저 특정한 일을 해본다는 행위 자체를 단순 기술하는 것 이상의 의미를 담고 있습니다.

성공 여부에 상관없이 그저 도전하는 행동 자체에 초점을 맞춘다면, 'try'를 쓰면 됩니다. 하지만 **'challenge'는 '노력하면 극복할 수 있는 과제'**를 대상으로 합니다. 달성하지 못하는 목표는 포함되지 않지요. 일을 하다가 벽에 부딪혔을 때는 **"I'm facing a big challenge.**(저는 큰 과제를 앞에 두고 있어요.)", **"I like facing challenges.**(저는 보람 있는 일에 도전하는 것을 좋아합니다.) 등의 표현으로, **도전하여 문제를 극복함으로써 자기 성장과 새로운 성과를 이뤄낼 것이라는 긍정적인 인상을 줄 수 있습니다.**

### "I have a big problem."은 피한다
참고로 '문제'에 해당하는 단어로 'problem'을 쓰는 사람도 있지만, 'problem'은 해결하기 어려운 심각한 문제라는 뜻이므로 영어권 사람들은 즐겨 쓰지 않습니다.

"I have a big problem.(저는 심각한 문제를 안고 있습니다.)"이라고 말하면, 듣는 사람은 상당히 큰 문제가 있다고 생각하여 부정적인 인상을 받게 됩니다. 이 말을 쓰면 쓸수록 상대방의 낯빛은 어두워질 것입니다. 그만큼 원어민들이 가까이하고 싶어 하지 않는 단어 중 하나지요.

| | | |
|---|---|---|
| ○ | challenge | 노력으로 극복하여 새로운 기회를 얻을 수 있는 과제. 과제를 해결하면 자기 성장과 새로운 성과를 이룰 수 있다는 긍정적인 인상을 준다. |
| ✕ | problem | 해결하기 어려운 심각한 문제. 부정적인 느낌이 강하여 비즈니스 현장에서는 자주 쓰지 않는다. |

비즈니스 세계에서는 가능한 한 상대방에게 긍정적인 이미지를 줘야 합니다. 매우 심각한 문제 외에는 부정적인 느낌이 지나치게 강한 'problem'은 쓰지 마세요. 의식적으로 'challenge'를 쓰면서 매일 발생하는 문제에 긍정적인 마음으로 도전해보세요.

### 📑 MORE EXPRESSIONS

첫 번째 과제는 그 문제를 정의하는 것입니다.
- The first challenge is to identify the issue.

지구온난화는 모든 인류에게 닥친 과제입니다.
- Global warming is a challenge for all of humanity.

당신이 일하면서 겪은 가장 큰 문제는 무엇이었나요?
- What has been the biggest challenge in your career?

비즈니스 스쿨에서 공부한 후, 저는 어떤 과제도 해결해나갈 수 있다고 믿었어요.
- After managing my studying at a business school, I believed I could manage any challenge.

회사에서 저의 업무는 아주 힘들어요. (극복할 수 있다는 뜻을 담고 있다.)
- My job in the company is very challenging.

3-9-4

# I'd like to raise an issue.

문제 제기를 하고 싶습니다.

A: **I'd like to raise an issue.**

문제 제기를 하고 싶습니다.

B: **Sure. Go ahead.**

좋아요. 해보세요.

A: **Regarding the cloud migration project, we have been getting behind schedule.**

클라우드 이행 프로젝트가 예정보다 늦어지고 있습니다.

B: **Do you have any solutions?**

해결방법이 있나요?

A: **We realize we are taking much more time than we expected. I wonder if we could increase resources.**

우리는 예상했던 것보다 훨씬 더 많은 시간이 걸린다는 사실을 알았습니다.
인력을 증원할 수 있는지 궁금합니다.

비즈니스상의 문제는 'issue'로 표현한다

흔히 문제라고 하면 'problem'을 떠올리지만, 간혹 이 때문에 부끄러운 일이 생길 수도 있습니다. 미국인도 참석하는 회의에서 비원어민인 동료가 'problem'이라고 말하자 참석자 중 한 명이 "그것은 'problem'이 아니라

'issue'입니다."라고 수정해준 일이 있었습니다. 그만큼 'problem'은 부정적으로 여겨지는 단어입니다.

우리가 일상적으로 겪는 과제나 문제는 'problem'이 아니라 'issue'에 더 가깝습니다.

'issue'에는 '내다, 발행하다' 등 다양한 뜻이 있지요. '밖으로 나오다'라는 의미에서 '발행물', '문제'라는 뜻이 파생되었습니다. 'issue'는 업무상 해결 가능한 문제를 뜻합니다. 일상적으로 발생되는 과제 또는 문제로 이해할 수 있습니다.

| ○ | issue | 주로 함께 해결해야 하는 과제. 일상적으로 발생하는 과제 또는 문제로 이해할 수 있다. |
|---|---|---|
| ✕ | problem | 해결하기 어려운 심각한 문제. 부정적인 느낌이 강하여 비즈니스 현장에서는 자주 쓰지 않는다. |

**'issue'는 업무상 주로 함께 해결해야 하는 과제**를 말합니다. 긴급함을 알려 적극적으로 해결하기를 바라는 마음을 담고 있습니다. 그래서 문제를 제기할 때는 'issue'를 씁니다.

비즈니스에서는 항상 문제를 확인하고 필요한 조치를 조기에 취해야 합니다. 그러므로 **"I'd like to raise an issue.**(문제 제기를 하고 싶습니다.=이 건에 대해 모두 함께 생각해봤으면 좋겠습니다.)"라는 구문을 통해 적극적으로 문제 제기를 하고, 'issue(문제)'를 해결해야 합니다. 또 **"I need to resolve the issue.**(그 문제를 해결해야 합니다.)**"**, **"We need to talk about the issue.**(그 문제에 관해 논의해야 합니다.)" 등으로 활용 가능합니다.

문제점에 관해 논의할 때 **"The issue is ~."**라는 표현을 쓰면, 특정 문제에서 무엇이 가장 중요한 포인트인지 알 수 있습니다. 가령 **"The issue**

**is that we don't have the resources for a project of this scale.**(문제는 이런 규모의 프로젝트를 진행할 만한 인력이 없다는 점입니다.)" 식으로 말하여, 무엇이 'issue'인지 명확하게 짚을 수 있습니다.

영어권 사람들은 'problem'을 해결하기 어려운 심각한 문제로 생각합니다. 아주 큰 문제가 아닌 이상 평소에는 'issue'를 쓰세요.

---

### 📑 MORE EXPRESSIONS

급격한 산업화가 여러 환경 문제를 초래했어요.

- The rapid rise of industrialization caused some environmental issues.

문제는 이런 규모의 프로젝트를 진행할 만한 인력이 없다는 점입니다.

- The issue is that we don't have the resources for a project of this scale.

발매일이 상충하는 문제가 있으므로 생산 일정을 바꿔야 합니다.

- We have an issue with conflicting release dates, so we may have to change our production schedule.

프린터에 문제가 있어요. 반품하고 싶습니다.

- There's an issue with this printer. I'd like to return it.

인력 부족은 그 가게의 심각한 문제이기 때문에, 우리는 채용하기로 했어요.

- A staff shortage was a serious issue for the store, so we started recruiting.

새로운 기기에 문제가 있다면, 즉시 고객지원팀에 연락해야 합니다.

- If you have an issue with your new device, you should contact customer support immediately.

## UNIT 5
### 지속적인 보고로 신뢰를 얻는다

# I'll keep you updated.
### 수시로 알려드릴게요.

A: I've finally made significant progress.

드디어 큰 진전을 보였습니다.

B: Great job!

축하드립니다!

A: I'm committed to keeping up my good work.

좋은 성과를 내기 위해 계속 노력할 거예요.

B: You'll do great!

잘 해내실 거예요!

A: Thanks. I'll keep you updated.

고마워요. 수시로 알려드릴게요.

---

**'update'로 상대방에게 기대감을 준다**

업무나 프로젝트, 긴급 안건 등의 진행 상황을 보고할 때는 'update'를 씁니다. 'update'는 '최신의 것으로 고치다'라는 의미지요.

상사나 고객에게 보고하는 목적 중 하나는 '**자세한 사정을 알려 나의 입장을 이해하게 하기 위해서**'입니다.

만약 일이 실패할 것 같다면, '실패할지도 모르는 상황을 공유하고 어떤 방법을 취할지 함께 고민하고 결정하는' 것이 현명합니다. 실패한 뒤 보고하면 상사의 분노만 살 뿐입니다. **만일의 사태에 대비하여 지속적으로 보고해야 합니다.**

또 비즈니스 세계에서는 정보가 생명입니다. "Take the lead, and you will win.(선두에 서라. 그러면 이길 것이다.)"라는 말이 있습니다. 많은 정보를 수집하면 선두에 설 수 있습니다.

이 점을 머리에 새겨두고 상사나 고객에게 진행 보고를 할 때는 "**I'll keep you updated.**(수시로 알려드리겠습니다.)"라고 말합니다. 'update'라는 단어가 상대방에게 '항상 최신 정보를 제공받을 것'이라는 기대감을 줍니다.

### 'report'는 단순히 보고한다는 뜻이다

'report', 'inform', 'announce' 등도 보고할 때 쓸 수 있지만, 전략적으로 'update'를 쓰도록 노력하는 것이 좋습니다.

| | | |
|---|---|---|
| ○ | update | 항상 최신 정보를 제공하는 인상을 준다. 새로운 정보를 신속하게 공유하고 있음을 암시한다. |
| ✕ | report, inform, announce | 단순히 정보를 보고하는 뉘앙스로, 긍정적인 인상을 주지 못한다. |

영어로 보고할 때는 "I'll keep you updated."라는 표현으로, 새로운 정보를 신속하게 공유한다는 사실을 어필하세요.

비영어권에서도 '컴퓨터를 업데이트한다' 등으로 쓰이는데, 어감은 비슷합니다. 외국인에게 'update'라는 말로 보고하면, 수시로 최신 정보를 받고 있다는 안도감을 느끼게 합니다.

가령 지금 바로 최신 정보를 손에 넣을 수 있는 상황이 아니라면, 'update' 의 명사형을 활용하여 **"Can I give you my update tomorrow?**(내일 새로운 정보를 말씀드려도 될까요?)"라고 말합니다. 시기가 늦어지더라도 가능한 한 신속하게 정보를 제공하고자 노력한다는 점을 넌지시 알릴 수 있습니다.

외국에서는 속도감과 정보의 투명성을 중시합니다. 'update'라는 말을 활용하여 좋은 정보든 나쁜 정보든 항상 신속하게 보고하는 것이 중요합니다.

📑 **MORE EXPRESSIONS** ─────────────────────────

수시로 최신 정보를 알려드릴게요.
- I will keep you informed of any updates.
- I will inform you of any updates.

변화가 생기면 수시로 알려드릴게요.
- I will update you if there are any changes.

새로운 정보를 얻게 되면 바로 알려드릴게요.
- I will let you know as soon as I hear anything.

최신 정보를 얻게 되면 바로 연락드릴게요.
- I will contact you once I get any updates.

3-9-6

# I managed to complete the project!

간신히 프로젝트를 끝냈습니다.

A: **I managed to complete the project!**　　간신히 프로젝트를 끝냈습니다.

B: I heard it was a pretty tough project.
How could you manage it?　　패 어려운 프로젝트라고 들었습니다.
어떻게 끝낼 수 있었나요?

A: We all worked together and managed to complete all tasks as one team.　　팀원들이 하나가 돼서 함께 협력하여 모든 업무를 해냈습니다.

B: Congratulations! I knew you could do it!　　축하합니다! 해내실 줄 알았어요!

A: Thanks for your kind words!　　그렇게 말씀해주서서 고마워요!

---

'manage'로 성과를 위한 노력을 강조한다

시련을 극복하여 업무를 수행하고 실적을 보고할 때 쓰기 적절한 단어는 'manage'입니다. 'manage'는 '(힘든 상황 등을 이겨내고) 겨우 ~하다'라는 뜻이지요. 따라서 "**I managed to complete the task**.(겨우 그 일을 끝냈습니다.)"
라는 말로 본인의 노력을 강조할 수 있습니다.

단순히 'completed'나 'finished to complete'를 써서 '완료했다'라고 말
하지 말고, '**시련을 극복하기 위해 끊임없이 노력해 겨우 완료할 수 있었다**'라
는 뉘앙스로 자신의 노력을 강조합니다.

| | | |
|---|---|---|
| ◯ | manage | 시련을 극복하여 간신히 해냈다는 뜻으로 그동안의 고생과 노력을 강조할 수 있다. |
| ✕ | complete | 단순히 일을 수행 혹은 완료했다는 뜻이다. |

**업무의 평가는 '일을 할 수 있는지 아닌지보다 할 수 있게 보일 수 있는지 없는**
**지'로 정해집니다.** 또 상대방의 기대치를 뛰어넘으면 큰 신뢰도 얻을 수 있습
니다.

■■■■■ 실력 이상으로 인정받을 수도 있다

'manage'로 노력을 효과적으로 강조하면, 실력 이상으로 인정받을 수도 있
습니다. 그리고 아직 끝맺지 못한 일을 보고할 때도 'manage'를 활용하여
곤란한 상황에 처했음을 알릴 수 있습니다.

가령 거래처의 사장과 미리 이야기하지 못했을 경우, "I haven't been able
to speak to the customer's CEO yet.(거래처 사장님과 아직 이야기를 나누지 못했습니
다.)"라고 말하는 것이 아니라, **I haven't managed to speak to the**
**customer's CEO yet.**(거래처 사장님과 어떻게든 얘기하려고 노력하고 있지만, 아직은 이
야기를 나누지 못했습니다.)라고 말합니다. '사장이 바빠서 일정이 맞지 않았다', '외
부 요인 때문에 만날 수 없었다' 등 자신의 잘못이 아니라는 의미가 포함될
수 있습니다.

회사에서는 한 번의 실수로 신뢰를 잃을 수도 있습니다. 그러므로 **성공이나 성과를 위해 자신이 기울인 노력을 자연스럽게 보여줄 수 있도록** 연습해보세요.

## 📑 MORE EXPRESSIONS

간신히 프로젝트를 마쳤습니다!

- I was somehow able to complete the project!
- I completed the project by all possible means!

많은 노력으로 프로젝트를 성공적으로 마쳤습니다!

- With much effort, I completed the project successfully!

프로젝트를 성공적으로 끝냈습니다!

- I brought the project to successful completion!

프로젝트를 예정대로 끝냈습니다!

- I completed the project on time!

UNIT 7
'make the most of ~'의 다양한 활용

# Everyone made the most of every opportunity.

모두가 기회를 최대한 활용했습니다.

A: **The success of this project didn't just come down to me, it came down to the whole team.**

이번 프로젝트의 성공은 저 한 사람만이 아니라 팀 전체가 해낸 것입니다.

B: **Could you explain that in more detail?**

더 자세하게 설명해주시겠어요?

A: **Everyone made the most of every opportunity.**
**So, we could manage the success of the project as one team.**

모두가 기회를 최대한 활용했습니다. 그래서 우리는 하나의 팀이 되어 프로젝트를 성공으로 이끌었지요.

B: **I'm so impressed with your team's success!**

당신 팀의 성공에 큰 감동을 받았어요!

A: **Yes. I'm so happy to be part of the team.**

네. 그 팀의 일원이라서 정말 기쁩니다.

## 자신과 주변 사람들을 격려하는 말

'make the most of ~(~을 최대한 활용하다)'는 정말 자주 쓰는 표현입니다. 자신에게 주어진 기회나 자원 등을 최대한 활용한다는 뜻이지요.

제가 있는 부서는 1년에 한두 번 시애틀에 있는 미국 본사로 출장을 갑니다. 평소에는 웹에서 만나 회의하던 전 세계 직원들이 모여 동료 직원들 및 본사의 임원들과 직접 교류할 수 있는 아주 좋은 기회입니다. 그런 귀중한 기회를 얻은 동료에게, "**I hope you make the most of your business trip**.(출장을 최대한 활용할 수 있기를 바랍니다.)"라는 말로, 진심을 담아 응원합니다.

일할 때도 "**We need to make the most of every opportunity**.(우리는 모든 기회를 최대한 활용해야 합니다.)"라며 동료나 부하 직원들의 의욕을 북돋아줍니다. 그리고 팀이 좋은 성과를 냈을 때도 "**Everyone made the most of every opportunity**.(모두가 기회를 최대한 활용했습니다.)"라며 팀의 노력을 널리 알릴 수 있습니다.

## 'make the best of ~'와 'make the most of ~'의 차이

이와 닮은 표현으로 'make the best of ~'가 있습니다. 사전에는 '~을 최대한 활용하다'라고 소개되어 있지만, 뉘앙스는 다릅니다. 'make the most of ~'가 앞에서 말했듯이 주어진 기회나 자원을 최대한 활용한다는 뜻이라면, 'make the best of ~'는 불리한 조건에서 최대한 활용한다는 뜻입니다.

즉 'make the best of ~'는 힘든 상황에서도 최선을 다한다는 의미지요. 그에 반해 'make the most of ~'는 특별히 어렵지 않은 상황에서 주어진 기회나 자원을 적극 활용한다는 뜻입니다. 이렇게 비교해보면, 'make the best of ~'에서 노력을 강조하는 뉘앙스가 더 강하게 느껴집니다.

긍정적인 언어가 회화의 기본으로 여겨지는 글로벌 사회에서는 'make the most of ~'를 자주 씁니다. 팀원들에게도 **"Let's make the most of it**.(그 기회를 최대한 활용해서 성과를 내보자.=최선을 다해보자.)"라는 말로 긍정의 에너지를 줄 수 있습니다.

긍정적인 언어로 직장 내의 '분위기 메이커'가 돼서 주변 사람들의 의욕을 북돋워 주세요.

📑 **MORE EXPRESSIONS** ─────────────────────────

훌륭한 팀을 구성해주셔서 감사합니다. 최선을 다하겠습니다.

- Thank you for getting me a wonderful team.
  I'll make the most of it.

이번 프로젝트를 하는 동안 저는 기회를 최대한 활용하고 싶습니다.

- I want to make the most of my opportunity while working on this project.

우리가 할 수 있는 일은 없습니다. 그저 최선을 다해야 합니다.

- There's nothing we can do.
  We just have to make the most of it.

일에서 성공을 거두기 위해서는 장점을 최대한 활용해야 합니다.

- We have to make the most of the strengths we have in order to succeed in our careers.

이번이 저의 첫 해외 출장입니다. 그래서 최대한 즐겁게 보내고 싶습니다.

- It's my first business trip abroad. So I'd like to make the most of it.

# Let's take a look at this issue from a different perspective.

다른 관점에서 이 문제를 살펴봅시다.

A: Our services deliver innovative and flexible solutions, however, our price is competitive enough.

우리 회사의 서비스는 혁신적이고 유연한 해결책을 제공하고 있는 데다 가격도 충분히 경쟁력이 있습니다.

B: Unfortunately, the price is higher than we expected.
We may need to drop this project.

불행하게도 가격이 우리가 예상한 것보다 더 높아요.
이 프로젝트를 포기해야 할 것 같군요.

A: Let's take a look at this issue from a different perspective.
We can position the project as an investment.

다른 관점에서 이 문제를 살펴봅시다.
이 프로젝트를 투자의 개념으로 생각할 수도 있어요.

B: I see. In that case, we might be able to move forward with it.

그렇군요. 그렇다면 계속해 나갈 수 있겠군요.

A: Great. I really look forward to working with you soon.

좋습니다. 곧 우리가 함께 일할 수 있기를 기대하겠습니다.

## 'perspective'로 반론을 차단한다

자신의 견해를 있는 그대로 말하면 '그것은 그저 개인적인 생각에 지나지 않는다'는 반론에 부딪힐 수 있습니다. 개인적인 생각에 그치지 않고, **많은 사람의 의견이나 각 국가의 문화, 상업적 관습 등을 다각적으로 검토한 뒤 결론을 내렸음을 암시하는 단어가 'perspective'**입니다.

'perspective'는 '대상을 보는 견해나 관점'을 뜻합니다. 'perspective'를 쓰면 **자기 혼자만의 의견이 아니라 주변에 있는 다른 사람의 입장도 고려한다**는 인상을 풍깁니다.

자기 의견에 당위성을 더하고 싶다면, "**From my perspective, we are not ready to do it.**(저의 견해로는 우린 그 일을 할 준비가 되지 않았습니다.)", "**From the perspective of Japanese business practices, I think that product would be appreciated by customers.**(일본의 상업적 관습에서 보면, 그 상품은 소비자들에게 좋은 평가를 얻을 것입니다.)" 등으로 말할 수 있습니다. 자기 혼자만이 아니라 많은 사람의 입장을 고려하고 있는 느낌을 주지요.

## 다각적인 의견을 이끌어낸다

"**Let's take a look at this issue from a different perspective.**(이 문제를 다른 관점에서 살펴봅시다.)", "**From the perspective of Chinese business practices, what do you think about this?**(중국의 상업적 관습에서 보면, 이것에 대해 어떻게 생각합니까?)" 등의 구문은 자신과 다른 영역을 담당하는 전문가의 다각적인 의견을 자연스럽게 끌어낼 수 있습니다.

자신이 하고 싶은 이야기만 하면, 반드시 반론이 생깁니다. '일본의 시장 심리를 고려해봤을 때, 프로젝트를 계속 진행해야 한다고 생각한다'라며 자신의 의견에 당위성을 더하면, 상대방도 일리가 있다고 생각하겠지요.

평소에도 자신의 생각을 자유롭게 이야기하는 글로벌 사회에서는 자신의 의견과 상대방의 의견을 분명하게 구분해서 논의해야 합니다. 영어 실력이 부족한 만큼 감정을 가능한 한 배제하고 의견을 부딪혀나가야 합니다. '**From your perspective**(당신의 견해로는)' 혹은 '**From my perspective**(저의 견해로는)' 같은 구문부터 말하면, 상대방과 다른 의견도 현명하게 설명할 수 있습니다.

비즈니스를 원만하게 진행하기 위해서는 날을 세우지 않고 다양한 관점의 의견을 취합하면서 자신의 의견을 전개해나가야 합니다.

### 📑 MORE EXPRESSIONS

다른 관점에서 이 문제를 살펴봅시다.
- Let's take a look at this issue from a different standpoint.
- Let's take a look at this with a different set of eyes.

다른 관점에서 이 계획을 살펴봅시다.
- Let's take a look at this plan from a different point of view.

전 항상 소비자의 관점에서 우리 회사 제품군을 살펴보고 있습니다.
- I always like to look at our product range from the customers' perspective.

저의 견해로는 제안하신 방법에 문제가 없다고 생각합니다.
- From my perspective, I have no issue with your proposed approach.

문제 해결의 계기를 마련한다

# Let's think outside the box.

기존 관념에서 벗어나 생각해봅시다.

A: **How's your preparation for the proposal for next week going?**

다음 주에 있을 발표 준비는 잘 되어가나요?

B: **I'm really struggling.**
**Even after careful consideration, I haven't got my thoughts together yet.**

꽤 고생하고 있습니다.
충분히 고민했는데도 아직 생각이 정리되지 않았어요.

A: **Let's think outside the box.**
**What are key elements for helping customers improve sales productivity anyway?**

기존 관념에서 벗어나 생각해봅시다.
어쨌든 고객들이 영업 생산성을 높이는 데 도움이 되는 핵심 요소가 무엇인가요?

B: **First, it's important to increase the number of contracts signed.**
**Second, the size of opportunities.**
**Third, the number of leads…**
**Oh, I got it! I think now I could get my thoughts together.**

먼저 계약 성립 수를 늘리는 것이 중요합니다.
두 번째로 기회의 규모지요.
세 번째는 가능성 있는 안건의 수
……. 아, 알겠어요! 이제 생각을 정리할 수 있을 것 같아요.

### 정체된 논의를 타개하는 표현

회의 또는 기획을 할 때, 전례나 기존의 틀에 갇히면 새로운 아이디어가 떠오르지 않습니다. 그럴 때는 "**Let's think outside the box.**(기존 관념에서 벗어나 생각해봅시다.)"라는 구문을 활용할 수 있습니다. 이 말은 완전히 새로운 관점으로 상황을 보고 아이디어를 내보자는 뜻으로, 회의의 경직 상태를 타개할 수 있는 말입니다.

'think outside the box'는 직역하면, '상자의 밖을 생각하다'라는 뜻입니다. 평소라면 상자 안의 내용물에 의식을 집중하지만, 여기서는 의도적으로 상자 밖으로 시선을 돌려보는, 즉 **기존의 틀과 형식에 얽매이지 않고 유연하게 사고한다**는 의미입니다. 고정관념은 버리고 자유롭게 백지 상태에서부터 다시 생각하는 것이지요.

"Let's think outside the box."로 경직된 회의에 돌을 던진 후에는 "**What's our end goal anyway?**(그래서 우리의 최종 목표는 무엇인가요?)"라는 말로, 최종 목표라는 본질적인 문제로 관심을 돌립니다. 그러면 전례나 기존의 틀에 갇히지 않고 본래의 목적을 상기할 수 있습니다.

### 답보 상태에 빠진 사람에게 의욕을 불어넣는다

글로벌 기업의 최고 경영자들은 직원들을 격려하는 메시지를 보낼 때, "**We need to think outside the box when we try something new.** (새로운 일에 도전할 때는 기존 관념에서 벗어나 생각해야 합니다.)" 혹은 "**We only found a solution when we started thinking outside the box.** (기존 관념에 얽매이지 않고 생각하기 시작하여 우리는 겨우 해결책을 찾았습니다.)"와 같이 'think outside the box' 구문을 자주 활용합니다.

비즈니스를 할 때는 늘 '고정관념에서 벗어난 사고', '제로베이스 사고'로 참
신한 아이디어를 생각해내야 합니다. 모두가 동의할 수밖에 없는, 유능하게
보이는 표현으로 주변 사람들에게 의욕을 불어넣으세요.

---

### 📑 MORE EXPRESSIONS

맨 처음부터 생각해봅시다.
- Let's think about it from the start.
- Let's think about it from scratch.

새로운 방법을 시도해봅시다.
- Let's try a new approach.

낡은 사고방식에 사로잡혀서는 안 됩니다.
- We shouldn't get caught up in old ways of thinking.

기존 관념에서 벗어나 생각해보고 더 좋은 방법을 찾아봅시다.
- Let's think outside the box and try to find a better way.

# PART4

# 난감한 상황 대처에 유용한 구문 40

## 상대방의 말을
## 알아듣지 못했을 때

●　　　상대방의 말을 알아듣지 못했다고 해서 자책할 필요는 없습니다. 그럴 때는 상대방에게 말하는 속도나 설명 방법을 바꿔 달라고 부탁해볼 수 있습니다. 생각할 시간도 벌면서 난감한 상황을 현명하게 넘길 수 있는 표현에는 어떤 것들이 있을까요?

## CHAPTER 3

# May I ask all of you to speak slowly and clearly?

좀 더 명확하고 천천히 말씀해주시겠어요?

A: Well, since everyone is here, let's start the meeting.

음, 모두 모이셨으니 회의를 시작하겠습니다.

B: We are here today to talk about our new product.

오늘은 신제품에 대해서 이야기할 예정입니다.

A: May I ask all of you to speak slowly and clearly?

좀 더 명확하고 천천히 말씀해주시겠어요?

B: Let me repeat that.
We'll launch the product in the holiday season.
We'd like to discuss the details today.

다시 한번 말씀드릴게요.
우리는 휴가 시즌에 제품을 출시할 겁니다. 오늘은 그와 관련해서 자세하게 이야기해보고 싶네요.

A: I understand. Thanks.

알겠습니다. 감사합니다.

### 천천히 그리고 명확하게

영어를 못 알아들으면, 대부분은 자신의 부족한 영어 실력을 탓하며 좌절하지요. 많은 비원어민이 이런 고민을 안고 있습니다. 원어민도 아닌 우리가 영어를 완벽하게 이해하지 못하는 것은 어쩌면 당연한 일이겠지만, 그렇다고 매번 못 알아들었다고 말하기는 창피하지요.

그럴 때는 **굳이 '못 알아들었다'라고 말하지 말고, 모두에게 '말하는 속도가 빠르다'라고 말하는 방법도 있습니다.** 모국어를 못 알아들었을 때와 마찬가지로 영어 역시 분명한 발음으로 천천히, 알아듣기 쉽게 말해달라고 요청하는 것이지요.

### 우회하여 문제를 해결하는 방법도 필요하다

어떤 회사에 다니는지, 자신이 어떤 상황에 처해 있는지에 따라 다르지만, 비즈니스 세계에서 영어를 구사해야 한다면 '영어를 못한다'라는 말을 쉽게 입에 올리는 일은 피해야 합니다. 세계 각지에서 영어로 대화하는 사람의 80%가 비원어민이지만, 매일 영어로 소통하며 열심히 일하고 있습니다. 영어 실력이 부족한 것은 대화하면서도 알 수 있으므로, 굳이 말로 내뱉어 상대방을 곤란하게 만들 필요는 없습니다.

실제로 중국인이나 한국인, 인도인 등의 비원어민들은 영어 실력에 자신이 없어도 아는 단어를 최대한 활용하여 자기 의견을 말하며, 상대방의 말을 못 알아들었을 때는 그 의미가 무엇인지 계속 되묻습니다. 혹시라도 회의를 방해하면 안 된다는 생각에 알아듣지 못해도 되묻지 않는 사람도 있겠지만, 외국인들은 모르면서 얼렁뚱땅 넘어가는 태도를 싫어합니다.

그러니 여러 국적의 사람들과 함께 회의할 때는, 초반에 다소 뻔뻔스럽더라도 "**May I ask all of you to speak slowly and clearly?**(좀 더 명확하고 천천히 말씀해주시겠어요?)"라고 말해보세요. 말하는 속도가 느려진다면, 한결 더 수월하게 알아들을 수 있겠지요.

어떤 언어든 빠른 속도로 소곤소곤 말하면 알아듣기 어렵습니다. 그러니 '속도가 문제'라는 듯 다소 능청스러운 태도로 모두에게 도움을 청하세요.

### 📑 MORE EXPRESSIONS

좀 더 명확하고 천천히 말씀해주시겠어요?

- Could you speak more slowly and clearly?
- Could you speak a bit more slowly and clearly?
- Could you all speak a little more slowly and clearly?

좀 더 명확하고 천천히 말씀해주셨으면 좋겠어요.

- I'd like for all of you to speak a bit more slowly and clearly.
- I'd appreciate it if everybody would speak slowly and clearly.

# Would you say that again, please?

다시 한번 말씀해주시겠어요?

A: **What happened with the collection issue with ABC Company?**

ABC사의 자금 회수 문제는 어떻게 됐나요?

B: **They are again late with their payment.**
**This is the third time they failed to pay on time.**

대금 지급이 또 늦어지고 있습니다. 기한에 못 맞춘 것이 이번이 세 번째입니다.

A: **Would you say that again, please?**

다시 한번 말씀해주시겠어요?

B: **They are again late with their payment.**
**This is the third time.**
**We need to be prepared for the worst.**

대금 지급이 또 늦어지고 있어요.
이번이 세 번째고요.
최악의 상황에 대비해야 합니다.

A: **I got it. Thanks.**

알겠습니다. 고마워요.

상대방의 말을 못 알아듣으면 초조해지기 마련입니다. 상대방이 빠른 속도로 말하거나 어려운 단어를 쓰는 등 이해하지 못하는 이유는 다양합니다. 어떤 이유에서든 조금이라도 알아듣지 못했을 때는 바로 다시 물어봐야 합니다.

못 알아들은 부분이 조금이라면 **"Sorry?"** 라고 말하면 됩니다. 조금 긴 이야기를 다시 듣고 싶을 때는 **"Would you say that again, please?**(다시 한번 말씀해주시겠어요?)" 라고 말합니다.

그 밖에 "Excuse me?", "Pardon?"도 있지만, 이 표현들은 상대방의 목소리가 작아서 듣지 못했을 때 씁니다. 상대방의 잘못이 없는데도 반복해서 쓰면, 불쾌하게 여길 수 있으므로 조심하세요.

비슷한 의미의 표현으로 "Once more, please."도 있지만, 듣는 사람에게 명령하는 느낌을 줄 수 있으므로 비즈니스 현장에서 쓰기엔 적절하지 않습니다.

| ○ | Would you say that again, please? | 조금 긴 이야기를 다시 듣고 싶을 때 쓴다. |
|---|---|---|
| ○ | Sorry? | 부분적으로 알아듣지 못했을 때 쓴다. |
| ✕ | Excuse me? / Pardon? | 상대방의 목소리가 작아서 알아듣지 못했을 때 쓴다. 알아듣지 못한 원인이 상대방에게 있다는 뉘앙스를 풍긴다. |
| ✕ | Once more, please. | 명령하는 느낌을 줘서 무례한 사람으로 여겨질 수 있다. |

상대방의 말을 알아듣지 못했을 때는, "Would you say ~, please?"라는 구문으로, 정중하게 다시 말해달라고 부탁하세요.

문장 마지막에 'please'를 붙이지 않아도 상관없지만, 붙이면 더 정중하게 들려 연장자나 지위가 높은 사람에게도 쓸 수 있지요. 정중한 표현으로 요청하면, 상대방은 대개 흔쾌히 그 요청에 응해줄 것입니다.

이런 정중한 말을 친한 동료에게 쓰면, 오히려 사이가 조금 서먹서먹해질 수 있습니다. 가까운 친구에게는 앞에서 소개한 "Sorry?"나 **"Say again?"**을 씁니다.

'잘 듣는 사람이 말도 잘한다'라는 말이 있지요. 소통을 잘하기 위해서는 자신이 하고 싶은 이야기를 잘 전달하는 능력과 더불어 상대방의 말을 정확하게 이해하는 능력도 중요합니다. 상대방의 말이 너무 빠르거나 내용을 이해하지 못했을 때는 주저하지 말고 다시 확인하세요. 모르면서 건성으로 대답하는 것은 상대방에게 실례입니다.

그래서 **상대방의 말을 정확하게 확인하려는 태도가 중요**합니다. 상대방에게 다시 말해달라고 부탁할 때는 "Would you say that again, please?"라고 말하세요. 다양한 상황에 맞는 적절한 표현을 구사할 수 있도록 평소에 연습해두면 좋습니다.

### 📋 MORE EXPRESSIONS
다시 한번 말씀해주시겠어요?

- Could you say that again?
- Could you kindly repeat that again?
- Could you say that one more time?
- Would you mind repeating that?
- Could you repeat what you just said?

## UNIT 3
### 상대방의 설명이 명확하지 않다면

# I'm confused.
### 무슨 말씀인지 헷갈리네요.

(After presentation)

A: **Hmm, I'm confused.**

B: **Let me clarify my point. I'd like to propose to work together to develop a new type of global management training program.**

A: **Sounds interesting. Could you please take me through the steps on how to develop that?**

B: **Certainly.**

(프레젠테이션 후)

음, 무슨 말씀인지 헷갈리네요.

포인트를 명확하게 짚어보겠습니다. 새로운 글로벌 매니지먼트 연수 프로그램을 함께 개발하기를 제안하고 싶습니다.

좋네요. 어떻게 진행할 건지 구체적으로 설명해주시겠어요?

물론입니다.

물어서 부끄러운 건 순간이지만, 묻지 않아서 부끄러운 건 평생 간다

상대방의 말을 못 알아들었을 때, 가끔 "Sorry?", "Would you say that again, please?"로 살짝 되묻는 정도로는 완전히 이해하기 어려울 때가 있지요. 상대방의 이야기를 전혀 알아듣지 못해 몹시 난감한 상황에 처할 수도 있습니다. 그럴 때는 영어 실력이 부족하다는 말을 직접적으로 하지 말

고, "**I'm confused**.(무슨 말씀인지 헷갈리네요.)"라고 말해보세요.

'정보가 뒤섞여서 혼란스럽다 → 그러니 정리해서 다시 한번 설명해주기를 바란다'라는 뜻입니다. 즉 상대방의 설명이 명확하지 못했음을 암시하며 재설명을 요구하는 방법입니다. 따라서 너무 자주 쓰는 것은 좋지 않지만, 적절한 상황에 가끔씩 활용하면 상대방은 흔쾌히 알기 쉽게 설명해줄 것입니다.

항상 자신의 영어 실력을 한탄하며 주눅 들어 있을 필요는 없습니다. 상대방의 설명 방식이 적절하지 못할 때는 정중하게 다시 설명해달라고 부탁해도 괜찮습니다.

**알아듣지 못했을 때는 솔직히 말하는 것이 좋습니다.** 영어 실력이 부족하다고 자신을 낮추기만 하지 말고, "I'm confused." 구문을 활용하여 당당하게 재설명을 요청하세요. 자기 일에 열성적으로 매진하는 사람은 언제 어디서나 당당함을 잃지 않습니다.

📄 **MORE EXPRESSIONS**

무슨 말씀인지 잘 모르겠네요.

- I can't follow you.
- I don't think I get it.
- I don't think I'm following you.
- I don't think I follow you.
- It's difficult to follow what he's saying.

UNIT 4
생각할 시간이 필요할 때는

# Let me think.
생각 좀 해볼게요.

A: **Would you please repeat your question?**

질문이 뭐였죠?

B: **What kind of reactions have you been getting from customers?**

소비자들의 반응은 어떤가요?

A: **Good question!** Let me think. **What do you think?**

좋은 질문이네요! 생각 좀 해볼게요. 당신은 어떻게 생각하세요?

B: **Considering the quality and price of our products, we should've been getting very favorable reactions.**

우리 제품의 품질과 가격을 생각해 보면, 상당히 호의적인 반응을 얻어야 한다고 생각합니다.

A: **It's exactly as you say. The quality and price of the products are what we put our best effort into this time.**

맞습니다. 제품의 품질과 가격은 이번에 우리가 가장 신경 쓴 부분이지요.

**시간을 벌어 다음 말을 생각한다**

예상치 못한 질문을 받고 당황한 경험은 누구에게나 있을 것입니다. 그럴 때는 대답할 시간을 벌 수 있는 표현 "**Let me think.**(생각 좀 해볼게요.)"를 쓸 수 있습니다. 제3장에서 'think'는 자칫하면 생각이 얕은 사람으로 비춰질 수도 있다고 말했습니다. 하지만 이런 상황에서는 일시적으로 다음 말을 생각할 시간을 얻기 위해 쓰는 표현이므로, 부정적인 인상을 주지 않습니다.

강연이나 프레젠테이션 도중 대답하기 어려운 질문을 받았을 때, 생각할 시간을 벌기 위해 "**(That's a) Good question!**(좋은 질문이네요!)"이라고 할 수도 있습니다. "Good question!"이란 말을 들은 질문자 역시 속으로 뿌듯함을 느끼겠지요.

같은 표현으로는 "**(That's an) Interesting question!**(흥미로운 질문이네요!)", "**Oh, that's a hard one.**(아, 어려운 질문이군요.)" 등이 있습니다. 농담처럼 건네면서 청중의 관심을 끌 수 있는 표현입니다.

"Let me think.", "Good question!"으로 생각할 시간을 벌더라도 여전히 적절한 답변이 떠오르지 않으면, "**What do you think?**(당신은 어떻게 생각하세요?)", "**What do you think about this?**(이 문제에 대해 어떻게 생각하세요?)"라고 되물어볼 수 있습니다.

이 표현은 **상대방의 발언을 유도하여 대화를 이어가는 데도 효과적**입니다. 바로 답하기 힘든 질문을 받았을 때는 전략적으로 상대방의 생각이나 질문의 의도를 물어보고, 그것을 참고하여 자신의 의견을 정리해나가면 됩니다.

## 'think'와 'think over'의 차이

참고로 "Let me think."에 'over'를 붙여, "Let me think it over."라고 말하면 "신중하게 생각해볼게요."라는 의미가 됩니다. 'consider'와 유사한 뜻이 되지요.

"Let me think."은 시간이 잠시 필요하다는 뜻이고, "Let me think it over."는 시간을 들여 신중하게 검토해보겠다는 의미입니다. 그래서 판단을 유보할 때도 씁니다. **당장 대답하기 힘들 때 편리하게 쓸 수 있지요.**

미처 생각지 못했던 질문을 갑자기 받으면 "Let me think." 구문으로 생각할 시간을 벌고, 상대방의 의견이나 질문의 의도를 물어보면서 다음 말을 생각해보세요.

### 📋 MORE EXPRESSIONS

생각할 시간이 필요해요.

- Let me think it over.
- I need some time to think about it.
- I would like to have some time to consider.

시간을 좀 주시겠어요?

- Can you give me some time?
- Could you leave it with me for a while?

# 솔직하게 모른다고
# 말하기 힘들 때

● 　　　　모른다는 말을 자주 해서 신뢰를 잃는 것은 무척 안타까운 일입니다. 완벽하게 이해하지는 못했더라도 자기 나름의 대안을 제시하거나 상대방의 의견에 동조하는 등 때로는 임기응변이 필요할 때도 있습니다.

# I'm not sure. But I presume that it should be on track.

확실하지는 않지만, 잘 진행되고 있을 거예요.

A: **Hello. I'm sorry I'm late.**

안녕하세요. 늦어서 죄송합니다.

B: **It's okay. Do you know if David will join this meeting?**

괜찮습니다. David가 이 회의에 참석하나요?

A: **He will not join us today, because he has another appointment.**

오늘은 참석하지 않을 거예요, 다른 일정이 있다고 했어요.

B: **I see. I wanted to ask him about the progress of the project. Do you know?**

알겠습니다. 그에게 프로젝트의 진행 상황에 대해 물어보고 싶었거든요. 혹시 아십니까?

A: **I'm not sure. But I presume that it should be on track. He told me yesterday that he resolved the issues.**

확실하지는 않지만, 잘 진행되고 있을 거예요. 문제가 해결됐다고 그가 어제 말하더군요.

■■■ "I'm not sure."을 활용한다.

상대방의 질문에 어쩔 수 없이 '모르겠다'라고 답해야 할 때가 있지요. 그럴 때는 **"I'm not sure. But ~**(확실하지는 않지만, ~)"이라고 말하는 방법이 있습니다.

'확신하다'라는 뜻의 'sure'를 이용하여 부정문 "I'm not sure."라고 말하면, '확실하지는 않다'라는 모호한 뉘앙스를 풍깁니다.

다른 표현으로 "I don't know.", "I have no idea."도 있습니다. 하지만 이 표현들은 딱 잘라 '전혀 모르겠다'라는 의미이므로, 다소 퉁명스러운 인상을 풍깁니다. **비즈니스 회화에서는 항상 긍정적인 인상을 주는 것이 중요**하므로, "I'm not sure." 구문을 활용하여 부드러운 어조로 말하세요.

| | | |
|---|---|---|
| ◯ | I'm not sure. | 확신할 수 없고, 정확하게 알지 못한다는 모호한 뉘앙스를 풍긴다. |
| ✕ | I don't know. / I have no idea. | 단호한 어조로 전혀 모른다는 뜻을 표현함으로써 다소 퉁명스럽고 불쾌한 인상을 풍긴다. |

■■■ 아는 범위 내에서 최대한 대답한다

상대방이 부탁했다면, 잘 알지 못하더라도 "I'm not sure" 뒤에 'But'을 붙여 **'확신할 수 없는 불명확한 정보'라도 알려주면서 가능한 한 도와주고자 노력해야 합니다.** "I'm not sure. But ~" 뒤에 **'I guess', 'I assume', 'probably'** 등을 붙여 아는 범위 내에서 조금이라도 답하고자 노력하세요.

사실 갑자기 질문을 받으면, 바로 답하기 어려울 때가 많습니다. 하지만 잘 모르는 부분에 관한 질문을 받았다고 해서 항상 솔직하게 모른다고 말하면, 믿음직하지 못한 사람으로 비춰질 수 있습니다.

"I'm not sure." 표현을 활용하여, "**I'm not sure. But I've heard that Brian used to launch a new logistic system**.(확실하지는 않지만, Brian이 새 물류 시스템을 만들었다고 들었습니다.)", "**I'm not sure. But I guess John may know**.(확실하지는 않지만, John이 알 거예요.)"처럼 답하여 **가능하면 대화**를 '모르는 상태'로 끝나지 않게 하는 것이 중요합니다.

---

### 📃 MORE EXPRESSIONS

확실하지는 않지만, 잘 진행되고 있을 거예요.

- I'm not certain.
  But I presume that it should be on track.

확실하지는 않지만, 제시간에 맞출 수 있을 거예요.

- I can't be certain.
  But I guess that we are on time.

확실하지는 않지만, 이 문제에 초점을 맞춰야 한다고 생각해요.

- I'm not exactly sure, but I think we should focus on this.

확실하지는 않지만, 그녀가 참석할 거예요.

- I'm not positive, but I guess she will join us.

그다지 자신은 없지만, 우리의 제안이 채택될 것 같아요.

- I'm not too confident, but I assume our proposal will be accepted.

# How about you?

어떻게 생각해요?

A: **Today we need to decide our team morals next month.**
**How would you like to have a CSR activity?**

오늘은 다음 달에 있을 팀 활동을 정해야 합니다. CSR(Corporate Social Responsibility, 기업의 사회적 책임) 활동을 해보는 건 어떨까요?

B: **I love it! It'd be a great chance for us to give back to society.**

좋아요! 사회에 공헌할 수 있는 좋은 기회가 될 거예요.

A: **We can have a fun time with the children!**
**I'd like to take the orphans to the Zoo or somewhere.**

아이들과 즐거운 시간을 보낼 수 있겠어요! 보육원 아이들을 동물원 같은 곳에 데려가고 싶어요.

B: **Great idea. How about you, Richard?**

좋은 생각이에요. 어떻게 생각해요, Richard?

C: **Next month will be the rainy season.**
**An indoor theme park such as an aquarium may be better.**

다음 달이면 장마철이에요. 아쿠아리움 같은 실내 테마파크가 더 좋을 것 같네요.

질문의 의도를 알고 싶거나 잘 모르는 부분에 관한 질문을 받아 대답하기
곤란할 때는 "**How about you?**(어떻게 생각해요?)"라고 물어볼 수 있습니
다. **질문에 질문으로 답하며 의견을 내지 않고도 대화를 이어나갈 수 있습니다.**

어떻게 답해야 할지 몰라 아무 말도 못 하고 식은땀만 흐를 때, "How about
you?"를 유용하게 쓸 수 있다는 점을 기억해두면, 자연스럽게 대화를 이어
나갈 수 있습니다.

또한 대화거리를 찾을 때도 "How about you?"를 활용할 수 있습니다. 대
화를 하면 상대방 역시 이야기가 이어질 수 있도록 다양한 화제를 생각해
내고 물어보기도 합니다. 그러면 질문에 답한 뒤 상대방에게 "How about
you?"라고 물어보세요. 먼저 이야기를 꺼냈다는 것은 상대방도 관심을 갖
고 있다는 뜻이므로, 편하게 질문할 수 있습니다. 대화를 이어갈 화제가 없
어 곤란할 때 이 방법을 써보세요. 이야기의 초점이 자신의 관심 분야로 옮
겨지면 끊길 듯 아슬아슬하게 이어지던 대화의 분위기가 고조됩니다.

"How about you?"는 회의 때도 쓸 수 있습니다. 안건의 성격에 따라 한 사
람이 많은 말을 하면서 회의를 주도할 때도 있지만, 참가자 전원의 의견을
확인해야 할 때도 있습니다. 그래야 나중에 정보의 혼동이나 구성원들의 반
발이 생기지 않지요.

그런 사태를 피하려면, "How about you?"로 의견을 물어봐야 합니다. 나
아가 "**How about you, Richard?**(어떻게 생각해요, Richard?)"처럼 한 사람
을 지칭해서 물어보면, 더 확실하게 의견을 끌어낼 수 있습니다.

회의에서 이 표현을 쓰면 두 가지 이점을 얻을 수 있습니다. **먼저 참가자 전원을 존중하는 느낌을 줄 수 있습니다.** 그리고 어떤 정보든 확실하게 얻을 수 있지요.

다만 'How about'은 상당히 유용한 표현이지만, 대화 첫머리에는 쓰지 않습니다. 대신 "**Would you like ~ / How is ~**(~은 어때요?)"를 씁니다. 예를 들어, "**Would you like to introduce yourself?**(자기소개를 해보면 어떨까요?)", "**How is the marketing department doing?**(마케팅팀은 어떤가요?)" 등으로 대화를 시작할 수 있겠지요.

자기 의견에 확신이 없어 난감한 상황이나 대화가 매끄럽게 이어지지 않을 때는 "How about you?"를 적절하게 활용해보세요.

---

📑 **MORE EXPRESSIONS** ────────────────

이 문제에 대해 어떻게 생각해요?
- What do you think about this?

이 문제에 대해 하고 싶은 말이 있나요?
- Do you have anything to say about this?
- Can you tell me something about this?
- May I have your comment on this?

당신의 의견을 들어보고 싶네요.
- I'd like to have your point of view.

UNIT 3
몰라서 난감한 상황을 넘기는 방법

# Could you elaborate on that?

자세하게 말씀해주시겠어요?

A: How does our product compare to that of ABC Company in terms of price?

가격 면에서 우리 제품을 ABC사와 비교하면 어떻습니까?

B: We believe our price is competitive.

우리 제품 가격이 경쟁력이 있다고 생각합니다.

A: Hmm, I'm confused.
Could you elaborate on that?

음, 무슨 말씀인지 잘 모르겠네요.
자세하게 말씀해주시겠어요?

B: Our product is superior in quality, but our price is competitive enough.

우리 제품은 질적으로 더 우수해서 가격이 높아도 충분히 경쟁력이 있습니다.

A: That's so interesting.
Why do you think so?

재밌는 이야기군요.
왜 그렇게 생각하시죠?

## 'elaborate'로 자세한 내용을 확인한다

대화의 내용에 관해 잘 모를 때는 "Why?", "So what?"으로 물어볼 수 있습니다. 요즘은 자유롭게 질문을 주고받는 문화가 널리 퍼져 있지만, 그렇다고 같은 질문을 계속 반복하면 실례로 비춰질 수 있지요. 그럴 때는 처음의 질문에 조금 더 깊이 있는 질문을 더해 의문점을 해소할 수 있습니다.

대화 내용을 이해하기 힘들면, **"Could you elaborate on that?**(자세하게 말씀해주시겠어요?)"이라고 말하세요. 외국 방송의 인터뷰를 보면, 인터뷰하는 사람이 이 구문을 반복하면서 자세한 정보를 얻어냅니다. 자세한 설명을 원할 때 가장 많이 쓰는 표현 중 하나지요.

## 'explain'과 'elaborate'의 차이

앞서 제3장에서 "Could you explain that in more detail?(더 자세하게 설명해주실 수 있나요?)"을 살펴봤습니다. 'explain'과 'elaborate'는 비슷한 뜻으로 보이지만, 엄밀히 따져보면 약간의 차이가 있습니다. 먼저 'explain'은 '(상대방이 이해할 수 있도록) 설명하다'라는 뜻입니다.

비즈니스에 관한 이야기를 깊고 진지하게 나눌 때, 저는 '정확하게 이해하고 싶다'라는 뉘앙스를 나타내기 위해 'explain'을 씁니다. 반면 'elaborate'는 '상세하게 설명하다'라는 의미로 상대방이 이해하는지 아닌지와는 상관없습니다. 자세한 내용을 확인하고 싶을 때나 TV 인터뷰에서는 "Could you elaborate on that?"을 쓰지요.

저 역시 좀처럼 원하는 정보를 얻지 못할 때, 이 구문을 "Why?", "So what?"과 함께 섞어 쓰며 상대방에게서 정보를 얻고자 합니다. 겉으로 보기에는 꽤 논리적이고 그럴싸하게 느껴질지도 모르지만, 사실은 **대화 내용을 '전혀 이해하지 못하는' 난감한 상황을 모면하는 데 효과적인 표현**이지요.

이 표현을 이용하면 다양한 상황에서 정보를 얻을 수 있습니다. 사내 회의에서 보다 자세한 정보를 얻을 때는 물론이며, 내용을 이해하지 못했을 때도 "Could you elaborate on that?"을 반복하면서 의문점을 해소해나갈 수 있습니다.

어떤 직종에서 일하는 사람이든 다양한 사람들을 만나 새로운 업무 내용이나 근황, 이슈 등에 관한 정보를 얻는 것은 중요합니다. 이 표현을 잘 익히고 활용하여 지혜와 식견을 넓혀보세요.

---

📑 **MORE EXPRESSIONS** ────────────────

자세하게 말씀해주시겠어요?

- Could you be more specific about this?
- Could you elaborate further?
- Could you elaborate on what you just said?
- Could you break it down for me?
- I need more information on this.

## 하기 힘든 말을
## 해야 할 때

● 대화할 때는 상대방의 기분이 상하지 않도록 세심하게 주의를 기울여야 합니다. 하지만 외국어로 말하려면 에둘러 표현하기가 쉽지 않지요. 오해를 사지 않게 말하는 방법을 살펴보겠습니다.

## UNIT 1
하기 힘든 질문을 하는 방법

# I assume you've already taken care of that.

이미 그것을 검토하셨으리라 생각합니다만.

(어떻게 진행되고 있는지 묻는 의미가 포함되어 있다.)

**A:** One week has already passed since we submitted our final proposal. I assume you've already taken care of that.

저희가 최종 제안서를 제출한 지 이미 일주일이 지났어요. 이미 그것을 검토하셨으리라 생각합니다만.

**B:** I'm sorry that it took so long. Kindly wait for a little while longer.

너무 오래 걸려서 죄송합니다. 조금만 더 기다려주시면 감사하겠습니다.

**A:** No problem. How was our proposal compared to the other company's? What is the basis of your judgment?

괜찮습니다. 다른 회사와 비교해서 저희가 드린 제안서는 어땠습니까? 어떤 점을 보고 판단하시는지요?

**B:** Unfortunately, I can't share the details with you, but we think we will finally decide on the future support system.

죄송하게도 상세한 내용은 말씀드릴 수가 없지만, 최종적으로는 향후의 지원 체계를 보고 결정할 것 같습니다.

**A:** We will be committed to managing anything we can do. Let us know if you have any requests.

저희는 할 수 있는 것은 무엇이든 최선을 다할 것입니다. 요청 사항이 있으시면 알려주세요.

■■■■■ 알고 싶은 정보를 확인한다

비원어민은 항상 고객에게 말하는 자신의 영어에 신경을 곤두세우고 있습니다. 부족한 영어 실력과 비즈니스 습관의 차이로 오해를 일으켜 기회를 잃어버릴 위험성을 원어민보다 더 많이 안고 있기 때문이지요.

또 고객의 입장에서도 여러 질문에 일일이 대응하는 것이 번거롭게 느껴질 수도 있습니다. 그런 민감한 상황에서 쓸 수 있는 표현이 "**I assume you've already taken care of that**.(이미 그것을 검토하셨으리라 생각합니다만.)"입니다. 묻고 싶은 말을 직접적으로 묻지 않고도 현재 상황을 파악할 수 있는 구문입니다. **일부러 의문문은 피하고 가설을 말하면서 확인하는 것**이지요.

'assume'의 이점은 '어떠세요?', '어떻게 되고 있나요?'라는 의미를 반어적으로 표현할 수 있다는 점입니다. 가령 결정이 끝났는지 아닌지 등 알고 싶은 정보가 있을 때는 'assume'을 활용하여 확인할 수 있습니다.

■■■■■ 'presume'과 'suppose'도 가능하다

비슷한 의미의 단어로는 'presume'과 'suppose'가 있습니다. 'presume'은 '어느 정도의 근거를 바탕으로 추측하다'라는 의미이며, 'assume'보다 뒤에 나오는 내용이 더 확실한 경우에 씁니다. 'suppose'는 '지식을 바탕으로 추측하다'라는 뜻입니다. 알고 있는 지식을 근거로 옳다고 생각하기 때문에, 이 역시 'assume'보다 말하는 내용이 더 확실할 때 씁니다.

| | |
|---|---|
| assume | 근거가 없는 상태에서 추측한다는 의미로, 반어적 요소를 포함하고 있어 완곡한 어투로 사실을 확인할 수 있다. |
| presume | 어느 정도의 근거를 바탕으로 추측한다는 의미로, 'assume'보다 말하는 내용이 더 확실할 때 쓴다. |
| suppose | 지식을 바탕으로 추측한다는 의미로, 아는 지식을 근거로 옳다고 생각하기 때문에 'assume'보다 말하는 내용이 더 확실할 때 쓴다. |

'assume'을 써서 상대방에게 실례가 되지 않도록 진행 상황을 물어볼 수 있습니다. 또 다양한 비즈니스 상황에 맞게 쓸 수 있도록 'presume'과 'suppose'의 의미 차이도 알아두면 좋겠습니다.

이미 저희가 드린 제안서를 검토하셨으리라 생각합니다만.
- I assume you have already reviewed our proposal.

다음 달에 열리는 비즈니스 세미나 장소를 이미 예약하셨으리라 생각합니다만.
- I presume he has already made a reservation for the rooms for the business seminar next month.

우리가 최근에 공개한 재무보고서를 이미 보셨으리라 생각합니다만.
- I suppose you have already read the financial report we recently published.

이미 인도 비자를 신청하셨으리라 생각합니다만.
- I presume that you have already applied for a visa to India.

고객이 참석하는 다음 회의 일정을 정하셨으리라 생각합니다만.
- I suppose you have arranged our next meeting with the customer.

# I'm concerned about the price of raw materials.

원자재의 가격이 신경 쓰입니다.

A: May I suggest something?

말씀드려도 될까요?

B: Sure. What is it?

물론이죠. 무슨 일이죠?

A: I'm concerned about the price of raw materials.
The prices could go up at any moment.

원자재의 가격이 신경 쓰입니다.
언제 오를지 모르겠어요.

B: Are you serious?

정말인가요?

A: This information is from a credible source.

믿을 만한 곳에서 얻은 정보입니다.

---

염려되는 일이 있을 때는 'concern'을 쓴다

담당하고 있는 업무나 프로젝트에 우려스러운 일이 생겼을 때는 "**I'm concerned about the price of raw materials**.(원자재의 가격이 신경 쓰입니다.)"라며, 일부러 '**concern**'이라는 말로 충격을 완화합니다.

'concern'은 '염려하다'를 뜻하기도 하지만, 단순히 걱정하는 데서 그치는 것이 아니라 해결해나가겠다는 뉘앙스도 담고 있는 긍정적인 단어입니다. '걱정'보다는 '관심(사), 염려, 일' 등의 뜻으로도 쓰입니다. "**I have a concern I should share.**(말씀드려야 할 일이 있습니다.)"라는 문장에서도 부정적인 뉘앙스는 느껴지지 않지요.

자신이 신경 쓰고 있는 점을 명확하게 말하면, **그 부분에 문제의식을 가지고 있다는 점을 상대방에게 알릴 수 있습니다.**

이때 중요한 점은 문제의식을 공유하는 것에 그치지 않고 해결책을 찾을 때, 일방적으로 자기 생각을 밀어붙이기보다 **상대방의 아이디어를 끌어내고자 노력하는 것**입니다.

예를 들어 "**What do you think we should do?**(우리가 어떻게 해야 할까요?)"라는 말로 적극적으로 상대방의 의견을 구하면, 상대방은 실질적으로 도움이 되는 의견을 내려고 고민하겠지요. 쌍방이 서로 이해하면서 문제의 해결책을 함께 찾을 수 있습니다.

구체적으로는 "**I'm concerned about our competitor's recent marketing push for their new product. What do you think we should do in response?**(최근에 경쟁사가 신상품에 대한 대대적인 마케팅 활동을 펼치고 있는 점이 신경 쓰이는데요. 그에 대응하여 우리는 어떻게 해야 할까요?)"라며, 문제의식을 공유하는 동시에 상대방의 의견을 물어볼 수 있습니다.

### 'worry'는 부정적인 인상을 풍긴다

'worry' 역시 우리말로는 '걱정하다'라고 풀이되지만, 어감은 전혀 다릅니다. 'worry'는 '해결할 수 없는 상태로 걱정만 하는 상황'을 나타내므로, 비즈니스 현장에서 쓰기에는 부적절합니다.

물론 업무와 상관없는 일상회화에서는 써도 괜찮습니다. 하지만 비즈니스 회화에서는 긍정적인 이미지를 주는 것이 중요하므로 'worry'보다 'concern'을 쓰는 것이 좋습니다.

| | | |
|---|---|---|
| ○ | concern | '관심(사), 염려, 일'의 의미로, 해결해나가겠다는 긍정적인 뉘앙스를 풍긴다. |
| × | worry | 해결할 수 없는 상태로 걱정만 하고 있다는 의미로 부정적인 인상을 준다. |

앞으로 일어날지도 모르는 염려스러운 일을 말할 때는 'concern'을 활용하여 적극적으로 알리고, 모두 함께 위기 극복을 위한 대책을 세워나가야 합니다.

### 📑 MORE EXPRESSIONS

프로젝트의 진행 상황이 신경 쓰이네요.
- I'm concerned about the progress of the project.

주문한 상품이 아직 발송되지 않은 점이 염려되네요.
- I'm concerned that the order has not been shipped yet.

여러 고객들이 불만을 쏟아내고 있는 점이 염려되네요.
- I'm concerned that there are a lot of complaints from a huge number of customers.

소비자들이 신상품의 디자인에 대해 어떻게 생각하는지 신경 쓰이네요.
- I have a concern about what the customers think of the design of our new products.

새 웹사이트에 대한 고객 경험에 신경이 쓰이네요.
- I have a few concerns about the customer experience on our new website.

UNIT 3
정중하게 거절하는 방법

# I'm sorry, but I can't follow your logic.

미안하지만, 그 의견은 받아들이기 힘들 것 같군요.

A: We should renovate our retail outlet in Orchard. It's almost thirty years old and looks shabby.

오차드의 판매점을 새롭게 고쳐야 할 것 같습니다. 거의 30년이 다 되어 허름해 보여요.

B: I think a facelift would be enough. It's cheaper, too.

건물 외장만 바꿔도 될 것 같습니다. 비용도 더 적게 들 거예요.

A: I'm sorry, but I can't follow your logic. I must say we need major renovations to make an impact on its appearance.

미안하지만, 그 의견은 받아들이기 힘들 것 같군요. 겉으로 봤을 때 강한 인상을 주려면 대대적인 개조가 필요하다고 생각해요.

B: That's true. Let's consider a major renovation instead.

맞는 말씀이네요. 그럼 대대적인 개조 쪽으로 생각해봅시다.

A: Thanks for considering my opinion.

이해해줘서 고마워요.

---

'sorry' 뒤에 다른 의견을 덧붙인다

다른 사람의 의견이나 아이디어를 듣고 딱 잘라 틀렸다고 말하면, 상대방은 불쾌해하겠지요. 그럴 때는 본론을 말하기에 앞서 **"I'm sorry, but I**

**can't follow your logic.**(미안하지만, 그 의견은 받아들이기 힘들 것 같군요.)"라고 말하는 것이 좋습니다.

비즈니스 영어에서는 직설적인 표현은 피해야 합니다. 자신의 생각이 옳다고 확신하더라도 직설적으로 반론을 펼치면 무례하게 보여 상대방의 기분을 상하게 합니다. 따라서 **"I'm sorry, but ~**(미안하지만, ~)"**으로 일단 사과의 말을 건넨 뒤, 상대방의 의견에 동의하지 못한다는 의사를 표시합니다.** 당사자 앞에서 이런 말을 하는 것이 실례가 될까 걱정하는 사람도 있겠지만, 'sorry'로 한 번 거절 의사를 내비친 뒤, 상대방을 존중하는 어조로 부드럽게 이야기하면 상대방도 수긍할 것입니다.

다양한 국적과 인종이 모여 사는 싱가포르의 초등학교에서는 "Everyone is special in their own way.(모든 사람은 각자 특별한 존재다.)"라고 가르칩니다. 외국인과 교류하는 묘미는 다양한 사람들의 서로 다른 가치관과 사고방식을 접하는 것이지요. 서로 다른 의견이나 생각과 맞닥뜨렸을 때 상대방을 존중하는 자세만 잊지 않는다면, 토론은 새로운 가치관을 만들어낼 수 있습니다.

📑 **MORE EXPRESSIONS** ───────────────────────

미안하지만, 제 의견은 달라요.
- I'm sorry, but I have a different opinion.

미안하지만, 그 의견에는 동의할 수 없네요.
- I'm sorry, but I don't agree with you.
- I'm sorry, but I have to disagree with you.
- I'm sorry, but I cannot go along with you on that point.

동조하지 못해서 미안하지만, 그 의견을 따르기는 힘들 것 같네요.
- I'm sorry to contradict you, but I don't think we should support that plan.

UNIT 4
무례하지 않게 'No'를 말하는 방법

# I'm not an expert,
# but I'll try to explain.

전문가는 아니지만, 제 생각을 말씀 드릴게요.

A: Can we have your input on these market research findings, please?

시장 조사 결과에 관해 어떻게 생각 하시나요?

B: The customer base in Asia is strong enough. Thus, I propose cutting the selling price so as to expand the business rapidly.

아시아 지역의 고객층은 충분히 견고한 것 같습니다. 그러니 사업을 빠르게 확장하기 위해서는 판매 가격을 낮추면 좋을 것 같아요.

A: I'm not an expert, but I'll try to explain. Cutting our selling price should not be a good idea. What's the advantage of our products?

제가 전문가는 아니지만, 한 말씀 드릴게요. 판매 가격을 낮추는 것은 좋은 아이디어가 아닙니다. 우리 제품의 장점이 뭐죠?

B: Our product is superior in quality. We have received very favorable reactions from customers.

우리 제품은 질적으로 우수합니다. 소비자들에게 아주 좋은 반응을 얻고 있지요.

A: I completely agree with you. Rather than cutting the price, we can grow our business as long as we pursue customer value.

맞습니다. 가격을 낮추기보다는 고객 가치를 추구하다보면 우리의 사업은 성장할 것입니다.

■■■ 전문 분야가 아니더라도 의견을 제시한다

자기보다 직책이 높거나 경력이 많은 사람의 생각이나 방침에 전혀 동의할 수 없어 'No'라고 말해야 할 때가 있습니다. 하지만 그렇게 말하기는 쉽지 않지요. 그럴 때는 "**I'm not an expert (I'm no expert), but ~**(제가 전문가는 아니지만, ~)"이라고 말하세요.

"**I'm not an expert, but I'll try to explain.**(전문가는 아니지만, 제 생각을 말씀드릴게요.)"처럼 '**전문가는 아니지만**'이라는 말을 앞에 붙여 자신보다 경험이 풍부한 사람에게 다른 의견을 제시할 수 있습니다.

자신보다 경험이 풍부한 사람에게 다른 의견을 말할 때는 상대방의 지식과 경험을 존중하는 자세가 매우 중요합니다. 그들의 오랜 경험도 중요하지만, 현대 사회의 비즈니스 현장은 빠르게 변하고 있어 과거의 방법이 항상 옳다고 할 수는 없게 되었지요.

복잡하고 엄격한 비즈니스 세계에서 항상 'Yes'를 외치는 '예스맨'은 의외로 사람들에게 환영받지 못합니다. 능력 있는 상사일수록 '찬성하기 힘들 때 반대 의견을 분명하게 밝히는' 직원을 높이 평가합니다. 그래야 서로 다른 의견을 검토하고 논의하면서 더 나은 방향으로 일을 진행해나갈 수 있기 때문입니다.

사람들은 업무상의 부가 가치를 제공하기 위해서 항상 적극적으로 협조합니다. 자신과 의견이 다를 경우에는 상대방의 입장과 경험을 존중하면서도 진지한 태도로 자기 생각을 밝히며 더 나은 결과물을 만들어내기 위해 노력합니다.

저도 지금 회사로 자리를 막 옮겼을 때는 모르는 것이 많았습니다. 그럴 때마다 'I'm not an expert (I'm no expert), but ~' 구문을 적절하게 활용하면서 미경험 분야라도 적극적으로 의견을 개진하곤 했지요. 그 덕분에 전문가에게 인정받은 적도 많습니다.

누구나 자신만의 훌륭한 지식과 식견을 지니고 있습니다. 그것을 서로 공유하면서 새로운 부가 가치를 창출하는 것이 오늘날 글로벌 비즈니스가 지향하는 바입니다. 전문 분야가 아니더라도 먼저 나서서 의견을 제시하며 더 나은 결과물을 만들어내고자 노력하세요.

## 📑 MORE EXPRESSIONS

제가 전문가는 아니지만, 그 의견에 찬성합니다.
- I'm no expert, but I'd go along with your idea.

저는 잘 모르지만, 그 의견에 찬성할 수는 없겠어요.
- I'm not familiar (with this), but I cannot agree with you.

전 자세하게는 모르지만, 당신의 계획에 찬성합니다.
- I don't know very much (about this), but I'm in favor of your plan.

제가 전문가는 아니지만, 우리가 그런 모험을 할 수는 없어요.
- I'm not a specialist (on this), but we cannot take such a risk.

제가 전문가는 아니지만, 디지털 시대에 성공하기 위해서는 위험을 감수해야 한다고 생각합니다.
- This is out of my field, but I think we should take risks to succeed in the digital age.

# To be honest, I think we are missing the point.

솔직히, 저는 우리가 중요한 점을 놓치고 있다고 생각합니다.

A: **We need to succeed to expand business in Asia. Asia is the fastest-growing market.**

우리는 아시아 지역의 사업을 성공적으로 확장해야 합니다. 아시아는 가장 빠르게 성장하고 있는 시장이에요.

B: **Now I'm looking for Japanese managers who can speak English in the company.**

지금 사내에서 영어가 가능한 일본인 관리자들을 찾고 있어요.

A: **To be honest, I think we are missing the point.**
**The key success factor is to hire the talented foreign managers, right?**

솔직히 저는 우리가 중요한 점을 놓치고 있다고 생각합니다.
중요한 성공 요인은 유능한 외국인 관리자들을 뽑는 것 아닌가요?

B: **I agree with you.**
**However, it would be challenging to understand cross-cultural communications.**

맞습니다.
그러나 여러 문화가 공존하는 상황에서 의사소통하는 것은 어려운 일이에요.

A: **It's about time we learned.**

지금이 바로 우리가 공부해야 할 때지요.

**'To be honest,'로 솔직하게 말한다**

글로벌 비즈니스 현장에서 일하는 사람들은 다양한 의견들을 공유하다 보면 새로운 발견에 이를 수 있다고 생각합니다.

그래서 상사에게도 "**To be honest, I think we are missing the point.**(솔직히, 저는 우리가 중요한 점을 놓치고 있다고 생각합니다.)"와 같이 솔직하게 자기 의견을 제시합니다.

한때 영어로 진행하는 회의에 적응하지 못했을 무렵, 저는 상대방과 의견이 달라도 아무 말도 하지 않고 입을 다물고 있었습니다. 다른 사람과 논쟁하거나 상대방과 관계가 나빠지는 것을 두려워했기 때문입니다. 그런 떨떠름한 기분을 안은 채 하루하루를 보냈지요. 그러다 유능한 사람들은 서로 다른 의견을 개진하고 검토하면서 새로운 아이디어를 얻는다는 사실을 알게 됐습니다. 그 후부터 서서히 회의 중에 반대 의견을 내기 시작했습니다.

하지만 솔직하게 말한다고 해서 아무렇게나 내키는 대로 말해서는 안 됩니다. 여러 번 말했듯이 하고 싶은 말을 직설적으로만 내뱉으면, 무례하고 무신경한 사람으로 여겨집니다.

비즈니스 현장에서 반대 의견을 말하고 싶을 때나 상대방의 말이 논리적이지 않을 때는 'To be honest,(솔직히)'로 이야기를 시작하는 것이 좋습니다.

**'To be honest with you,'의 활용**

'with you'를 덧붙여 '**To be honest with you,**'라고 할 수도 있습니다. '**우리는 친밀한 사이니 당신에게 솔직하게 말하겠다**'라는 느낌을 연출할 수 있지요. 이 표현을 잘 활용하면, 언쟁을 피할 수 있고 상대방과의 신뢰 관계를 지키면서 속마음을 솔직하게 밝힐 수 있습니다.

'당신이니까 솔직히 말하면'이라는 뉘앙스를 풍기면, 대화 분위기가 고조되고 친근감이 커집니다. 'To be honest,' 구문을 적절하게 활용하여 자기 의견을 솔직하게 밝히세요.

## 📑 MORE EXPRESSIONS

솔직히 저는 프로젝트의 진행 상황이 신경 쓰여요.
- Honestly speaking, I'm concerned about the progress of the project.

솔직히 저는 전혀 가격이 합리적이라고 생각하지 않아요.
- If I'm honest, I'm not at all convinced that the price is reasonable.

솔직히 저는 당신의 시장 분석 결과에 동의할 수 없어요.
- Frankly speaking, I cannot agree with the result of your market analysis.

사실 저는 그 제안이 현실적이라고 생각하지 않아요.
- As a matter of fact, I don't think the proposal is practical.

솔직히 저는 소비세 인상에 반대합니다.
- To tell you the truth, I'm opposed to the increase in consumption tax.

우리끼리 하는 말이지만, 저는 프로젝트의 진행 상황이 염려돼요.
- Between you and me, I'm concerned about the progress of the project.

## UNIT 6
자신의 약점을 인정할 때 쓰는 표현

# I must admit that I'm an amateur in IT.

사실 저는 IT에 관해서는 아마추어예요.

A: I work in a technology company, but I must admit that I'm an amateur in IT.

테크놀로지 회사에서 일하고 있지만, 사실 저는 IT에 관해서는 아마추어예요.

B: Are you serious?
How can you work at your company if you don't understand?

정말인가요?
IT에 관해 잘 모르시면, 어떻게 일하세요?

A: Like other companies, technology firms have several departments. Not all employees are familiar with IT.

다른 회사처럼 테크놀로지 회사에도 여러 부서가 있으니까요.
모든 직원이 IT 전문가는 아니에요.

B: That's interesting.
Now I understand.

재밌네요.
이제 이해했어요.

A: I don't know much about it, but I am highly valued about my management skills.

IT에 관해서는 잘 모르지만, 관리 능력으로는 인정받고 있어요.

## 못 하는 일은 못 한다고 인정한다

일하다 보면, 상사나 고객이 무리한 요구를 할 때도 많습니다. 준비하는 데 며칠씩 걸리는 자료를 이튿날 회의 시간까지 만들라고 하거나 작업 과정을 생각하면 도저히 맞출 수 없는 기한을 강요받는 등 실현하기 어려운 일을 요구받기도 하지요.

그럴 때는 할 수 없다고 말해야 합니다. 하지만 너무 단호하게 말하면 상대방은 적잖이 실망하겠지요. 때로는 노골적으로 불쾌한 표정을 짓기도 합니다. 그렇다고 해서 불가능한 일을 할 수 있다고 말할 수도 없습니다. 결과적으로 못하게 되면, 상대방의 기대를 저버리게 될 뿐만 아니라 큰 손실을 안겨줄 수도 있습니다.

그러므로 "**I must admit that I'm an amateur in IT.**(사실 저는 IT에 관해서는 아마추어예요.)", "**I must admit I can't make it.**(사실 저는 할 수 없어요.)" 라는 표현을 활용합니다. "I must admit ~"으로 **자신의 현재 능력으로는 상대방이 지시한 일을 처리하기 어렵다는 점을 솔직하게 말해야 합니다.**

## 할 수 있는지 없는지 아는 것도 능력이다

이처럼 자신의 능력을 정확히 알고, 주변에 피해를 끼치지 않기 위해 **할 수 있는 일과 없는 일을 제대로 파악하는 것은 일의 관리 능력이 뛰어나다고 할 수 있습니다.** 글로벌 사회에서는 무엇이든 다 할 수 있다며 큰소리치는 사람도 많지만, 못 하는 일도 할 수 있다고 말해서는 안 됩니다.

할 수 없다고 솔직하게 말하는 것은 마음이 불편하고 부끄러운 일일지도 모릅니다. 하지만 일은 자기 혼자서 하는 것이 아닙니다. 자신이 모르면 그 분야를 잘 아는 사람의 지식과 경험을 활용하여 좋은 결과를 맺게 하는 것이 중요합니다.

말하기 부끄러운 일이지만, 재무 관련 부문에 소속되어 있으면서도 "I must admit that I'm an amateur in Finance.(사실 저는 재무에 관해서는 아마추어예요.)"라고 말한 적도 있습니다. 하지만 그 덕분에 주변의 우수한 인재들의 도움을 받을 수 있었지요.

일의 목적은 더 훌륭한 성과를 내는 것입니다. 'admit'을 활용하여 주변의 도움도 받으면서 더 훌륭한 성과를 쌓아나가기를 바랍니다.

### 📃 MORE EXPRESSIONS

부끄럽지만, 제가 모두 아는 척했어요.

- Shamefully, I pretended to know all the answers.

부끄럽지만, 사람들 앞에서는 말을 잘 못해요.

- It's embarrassing, but I am not good at talking in front of people.

부끄럽지만, 저는 처음 듣는 이야기예요.

- I'm ashamed to say I've never heard of that before.

말하기 어렵지만, 저는 처음 알게 된 사실이에요.

- It is very hard for me to say, but it's the first time I'm learning this.

솔직히 아직 깊이 생각해보지는 않았어요.

- I must confess that I have not given enough thought yet.

# I regret to inform you that we will decline your proposal.

아쉽게도 당신의 제안을 거절해야 할 것 같군요.

A: **Thank you for your interest in the project.**
**I am very sorry for taking a long time.**

프로젝트에 관심을 보여주셔서 감사합니다.
시간이 오래 걸려서 대단히 죄송해요.

B: **That's fine.**
**Have you reviewed our proposal?**

괜찮습니다.
저희가 드린 제안서는 살펴보셨나요?

A: **Yes, I did. It looks great.**
**However, I regret to inform you that we will decline your proposal.**

네, 그럼요. 좋았습니다만, 아쉽게도 당신의 제안을 거절해야 할 것 같군요.

B: **Could you tell me why?**

이유가 뭘까요?

A: **I regret to say that we have decided to accept another proposal at a lower cost.**

죄송한 말씀이지만, 더 낮은 가격을 제시한 다른 제안서를 채택하기로 결정했습니다.

비즈니스 현장에서 상대방의 제안이나 기획을 거절할 때, 직설적으로 말하는 것은 어떤 언어권에서든 실례로 여겨집니다.

다양한 국적과 인종의 사람들에게 가능한 한 무례를 저지르지 않도록 세심하게 배려하면서 거절하는 방법을 알아야 합니다.

'regret'은 '후회하다' 외에도 '유감스럽게 생각하다'라는 의미를 지닙니다. 따라서 거절할 때 적절히 사용하면, **'사실은 같이하고 싶지만, 아쉽게도 단념할 수밖에 없었다'**라는 뉘앙스를 풍길 수 있습니다.

'regret'보다 앞에서 언급한 "I'm sorry, but ~"이 더 익숙해서 그 구문을 선호하는 사람도 많겠지만, 'regret'이 더 자연스러울 때도 있습니다.

구체적으로 본론을 말하기에 앞서 **"I regret to inform you that we will decline your proposal.**(아쉽게도 당신의 제안을 거절해야 할 것 같군요.)**"**라고 말하면, 부드러운 분위기를 연출할 수 있습니다.

사실 "I regret to inform you"는 '말씀드리기 정말 죄송하다'라는 의미를 내포하고 있습니다. 커뮤니케이션을 할 때는 서로를 향한 배려와 존중이 바탕이 되어야 합니다. 당연히 거절할 때도 마찬가지입니다.

상대방의 기분을 상하게 하지 않고 거절하고 싶을 때는 그를 존중하는 태도로 미안한 마음을 담아 'regret'을 활용합니다. **상대방을 향한 경의를 나타내므로, 설사 거절 표현이라도 매우 완곡하고 정중하게 들립니다.** 거절하는 말이지만, 상대방의 감정을 해치지 않는 긍정적인 표현이 될 수 있습니다.

## 🗐 MORE EXPRESSIONS

정말 죄송하지만, 당신의 제안을 받아들일 수 없어요.

- I am terribly sorry to say that we cannot accept your proposal.

아쉽지만, 이번에 기한을 연장해달라는 요청은 받아들일 수 없어요.

- I'm afraid that we cannot accept your request to extend the due date this time.

안타깝게도 납기 기한을 당길 수는 없어요.

- Unfortunately, we cannot shorten the delivery time.

안타깝게도 이번에는 당신의 요청을 거절해야 할 것 같네요.

- Regrettably, I must decline your request at this time.

말씀드리기 어렵지만, 전 이번 회의에 참석하지 못하겠어요.

- I hate to say this, but I am unable to join the conference.

# I'm not authorized to make that decision.

저에게 결정을 내릴 수 있는 권한이 없어서요.

A: Thanks for your discount! But the breakdown doesn't seem much different from the other suppliers.

가격을 할인해주셔서 감사합니다! 하지만 내역을 보면 다른 회사들과 상당히 달라 보이는데요.

B: Oh, so you have been speaking with other suppliers?

아, 다른 회사들과도 이야기해보셨나요?

A: Our company requires us to get a quote from multiple suppliers for an important purchase like this.

우리 회사는 이번처럼 중요한 구매 결정을 할 때는 여러 회사에서 견적을 받고 있습니다.

B: We have worked on several projects for the past few years. Could you choose us for your new project?

지난 몇 년 동안 우리는 함께 여러 프로젝트를 진행해왔지요. 새 프로젝트도 저희와 함께하실 수는 없을까요?

A: I've led the project, but I'm not authorized to make that decision. I'll discuss with my manager.

이 프로젝트를 추진하고는 있지만, 저에게 결정을 내릴 수 있는 권한이 없어서요. 관리자와 이야기를 나눠보겠습니다.

## 결정을 보류하며 생각할 시간을 확보한다

비즈니스 현장에서 신속함은 무엇보다 중요합니다. 바로 결정하여 당장 행동해야 할 때도 많지요. 글로벌 기업 역시 속도의 중요성을 잘 알기 때문에, 교섭 담당자가 결정 권한을 가지는 경우가 많습니다. 상황에 따라서는 상사의 승인 없이도 그 자리에서 바로 결정할 수 있지요.

하지만 속도를 중시하는 글로벌 사회에서도 결정을 보류하고 신중하게 검토해야 할 때도 있습니다. 그럴 때는 "**I'm not authorized to make that decision**.(저에게 결정을 내릴 수 있는 권한이 없어요.)"이라는 표현이 유용합니다.

회사마다 누가 어떤 권한을 가지는지는 제각각이기 때문에, 다른 회사 사람들이 자세한 사정을 알기는 어렵습니다. 글로벌 사회에서도 최종 권한이 없는 사람이 회의에 참석하거나 교섭을 담당하기도 합니다. 결정 권한이 있는 담당자가 그 자리에서 바로 결정할 때도 있지만, 그렇지 않은 경우도 많습니다.

## 상대방에게 실례가 되지 않도록 거절한다

이 표현의 이점은 상대방이 괜히 기대하는 것을 미리 방지하고, 생각할 시간을 충분히 확보할 수 있다는 점입니다. 제3장에서도 언급했듯이 영어로 협의하거나 제안할 때, 불가능한 일은 그 자리에서 바로 거절합니다. 만약 결정을 미루고 생각할 시간이 필요하다고 말하면, 상대방은 '긍정적으로 검토하고 있다'라고 생각하여 나중에 거절하기 난감한 상황이 발생할 수도 있습니다.

하지만 때로는 정말 신중하게 검토하거나 상사 혹은 동료와 상의해보고 싶을 때도 있습니다. 그때 "I'm not authorized to make that decision." 구문을 활용하면 **상대방의 기대치를 높이지 않고 답변 기한을 늦출 수 있습니다.**

글로벌 사회라고 해서 뭐든 신속하게 처리해야 하는 것은 아닙니다. 비즈니스에서는 속도도 중요하지만, 신중하게 검토해서 좋은 판단을 내리는 것도 중요합니다. 다만 상대방에게 실례가 되지 않도록 세심하게 주의를 기울여야 한다는 사실은 잊지 마세요.

저에게 결정을 내릴 수 있는 권한이 없어서요.

- I have no authority to make that decision.
- I don't have the right to make that decision.

제가 최종 결정을 내릴 수는 없어서요.

- I can't give the final decision.
- I am not empowered to make that decision.
- I don't have the empowerment to make that decision.

## 상대방이 자신의 말을
## 들어주지 않을 때

●      간혹 끝까지 상대방이 자신의 말을 들어주지 않을 때
가 있지요. 의견을 받아들이게 하기 위해서는 일단 상대방이 내 말
에 귀를 기울이게 해야 합니다. 그래서 자기 생각을 명확하게 말하
는 것이 중요하지요.

## CHAPTER 6

# There is one thing I ask of you.

한 가지 부탁드리고 싶은 것이 있어요.

A: I'm sorry to intrude on your busy schedule.
There is one thing I ask of you.
Do you have a minute?

바쁘신데 방해해서 죄송합니다. 한 가지 부탁드리고 싶은 것이 있어요. 잠시 시간 괜찮으신가요?

B: Sure. Go ahead.

네. 괜찮아요.

A: I need your thoughts on my analysis of the improvement for our company's work style practice.

우리 회사의 작업 방식 개선에 관한 분석을 보신 소감을 듣고 싶습니다.

B: That is definitely a hot topic right now.

지금 가장 큰 화젯거리죠.

A: Certainly.

맞습니다.

---

답하기 쉽게 질문한다

일을 빨리 끝내는 비결은 '초기 작업을 빨리하는 것'입니다. 한 가지 일에 시간을 들여 하나씩 끝내는 것이 아니라 여러 가지 일을 세분화하여 차례대로 끝내는 것이 중요합니다. 많은 일을 한 번에 정리하고 확인하는 것이 아니라 일을 세분화하면 즉각적인 답변도 얻기 쉽기 때문에, 전체적으로 보면 일을 더 빨리 끝낼 수 있습니다.

세분화하여 하나씩 확인하는 방법은 제가 딜로이트에 다니던 시절, 상사에게서 배웠습니다. 주변 동료들도 모두 이 방법을 실천하고 있었지요. 협상에 능한 사람은 항상 우선순위가 높은 일부터 하나씩 해결합니다.

글로벌 회사에서 일하는 사람은 정시에 퇴근하기 위해 철저하게 효율성과 신속성을 생각하며 일합니다. 특히 글로벌 환경에서 일하면 자신이 담당해야 할 영역이 넓고 처리해야 하는 일과 프로젝트가 방대합니다. 참석해야 하는 회의도 많고, 함께 일하는 사람들에게서 바로 답변을 듣고 싶어도 쉽지 않지요.

그래서 '한 가지 꼭 부탁하고 싶은 것이 있다'라는 뉘앙스를 풍기며, 상대방이 느끼는 부담을 줄여줘야 합니다. 일을 잘하기 위해서는 타인을 움직이는 능력이 필요합니다. "**There is one thing I ask of you.**(한 가지 부탁드리고 싶은 것이 있어요.)"라는 표현으로 빠른 답변을 얻으며 협상에 능한 사람이 되어 보세요.

📑 **MORE EXPRESSIONS**

한 가지 부탁드리고 싶은 것이 있어요.
- I have one request.
- I would like to ask you a favor.
- I have one thing I really need to ask you.

한 가지 부탁드려도 될까요?
- Can I ask you a favor?
- Would it be alright if I asked you one favor?

UNIT 2
발언을 끝까지 마무리하고 싶을 때

# Let me finish.
말을 마무리하겠습니다.

A: **Many companies are considering introducing flexible work arrangements to increase productivity.**

많은 기업이 생산성을 높이기 위해 유연 근무제 도입을 검토하고 있습니다.

B: **I see things rather differently myself.**

저는 좀 다르게 보고 있어요.

A: **Wait. Let me finish.**
**Recent research says that work-from-home policies could create a more productive work culture.**

잠깐만요. 말을 마무리하겠습니다. 최근 조사에서는 재택근무 정책이 생산성 높은 작업 문화를 만든다고 합니다.

B: **I know. Is there anything else?**

맞아요. 그 밖에 또 있나요?

A: **I presume our employee satisfaction with a work-life balance must be much lower than our competitors.**

제 생각에는 일과 생활의 균형에 관한 우리 회사 직원의 만족도가 다른 경쟁사에 비해 상당히 낮을 것 같습니다.

##### 글로벌 기업의 회의 시간

글로벌 환경에서 '회의는 서로 의견을 맞부딪치는 자리'입니다. 다른 사람이 말하는 중에도 불쑥 끼어들어 발언하기도 합니다. 외국에서 회의에 소요하는 시간은 30분 정도이기 때문에, 멍하니 있다 보면 꼭 해야 하는 말도 하지 못하고 회의실을 나와야 할지도 모릅니다.

글로벌 사회에서는 대화 도중 다른 사람의 말에 끼어드는 것은 일상다반사입니다. 하지만 반드시 끝까지 발언해야 하는 말이 있다면, **"Let me finish.**(말을 마무리하겠습니다.)"라고 말하면 됩니다.

저 역시 글로벌 기업의 회의에 익숙하지 않았을 무렵, 다른 사람의 말이 일단락될 때를 기다렸습니다. 하지만 한 사람이 말을 끝내기도 전에 또 다른 사람이 말하기 시작하다 보니 대화는 잠시도 멈추질 않았습니다. 그렇게 회의실에서 꿀 먹은 벙어리처럼 한마디도 못하는 나날이 이어졌습니다.

그러다 상사에게서 "말도 안 할 거면, 회의에 들어오지 마세요"라는 말을 들었지요. 그 이후 어떻게든 자신의 의견을 내세우려고 노력했지만, 생각처럼 쉽지 않았습니다.

##### 발언 중에 끼어들기를 막을 수 있는 표현

하루는 평소 조용한 성격을 보이던 태국 여성 동료가 회의 중에 "Let me finish."라며 상대방이 끼어들려는 것을 단번에 중지시키는 모습을 봤습니다. 손짓을 하면서 큰소리로 **"아직 하고 싶은 말이 남았습니다"**라며, 사람들의 **이목을 순식간에 집중시키더군요.** 영어로 말할 때는 '진짜 속마음은 숨기고 부드럽게 표현해야 한다'라고 생각하는 사람들이 많습니다. 그렇다고 해서 자기 의견도 말하지 못하고 우물쭈물하라는 뜻은 아닙니다. **의견을 피력해야 하는 상황에서는 해야 할 말을 확실하게 하는 사람이 돋보입니다.**

저는 한창 이야기를 하는 중에 누군가 끼어들어 질문을 할 때도 이 구문을 활용합니다. 그럴 때는 "**Thanks for your question. Please let me finish, and I'll get back to you.**(질문 주셔서 감사합니다. 제가 말을 마친 후, 답변을 드리겠습니다.)"라고 말합니다. 그러면 **회의 도중에 상대방이 말을 끊어도 하던 이야기를 제대로 마칠 수 있습니다.**

원어민과 대화할 때, 영어 실력이 차이나는 것은 물론이거니와 간혹 원어민 중에 말이 지나치게 많은 사람이 있기도 합니다. 그러면 비원어민은 발언의 기회를 잡기가 어렵지요. 그러니 "Let me finish." 구문을 활용하여 자신의 의견을 명확하게 피력해야 합니다.

---

📑 **MORE EXPRESSIONS** ────────────────────

말을 끝까지 해도 될까요?

- Can I please finish what I'm trying to say?
- Can I finish talking, please?
- Am I allowed to finish my sentence?
- May I finish my sentence?
- Do you mind if I finish what I'm trying to say?

# Briefly, I have three things to say.

간단히 세 가지만 말씀드리겠습니다.

A: **Briefly, I have three things to say.** 간단히 세 가지만 말씀드리겠습니다.

B: Go ahead. 좋아요.

A: First, we don't have flexible work practice such as flextime.
Second, we are behind on the adoption of IT, and take longer to do a job.
Finally, due to a lack of understanding within senior management, we have not taken action for improvement.

먼저 우리 회사는 탄력근무제 같은 유연한 근무 체계가 없습니다.
그리고 IT 도입이 뒤처져 있어 작업에 더 많은 시간이 걸립니다.
마지막으로 경영진의 이해 부족으로 개혁에 필요한 조치를 취하지 못했지요.

B: That makes sense.
I agree with you on that point.

맞는 말입니다.
저 역시 그렇게 생각해요.

A: Thanks.
Let me explain a little further.

감사합니다.
조금 더 자세하게 설명드리겠습니다.

요점을 세 가지로 정리하는 방법은 어디서든 유용합니다. 회의나 프레젠테이션을 할 때, "**Briefly, I have three things to say.**(간단히 세 가지만 말씀 드리겠습니다.)"라며 요점을 정리하여 말할 수 있지요.

요점을 세 가지로 정리하여 말하면, 상대방은 한결 더 이해하기 쉬워집니다. 인지심리학 연구에 따르면, '인간의 지각 능력은 항목이 네 가지 이상 되면 이해하기 어려워진다'라고 합니다.

또 정리한 내용을 바탕으로 뭔가를 결정할 때, 요점이 두 개밖에 없다면 양자택일을 해야 하므로 선택을 망설이게 되고 결국 결정을 보류하게 될 수도 있습니다. 안이 두 개밖에 없으니 다른 안에 대해서도 충분히 검토해야 하지 않을까, 하는 의문이 드는 것입니다. 그러므로 꼭 말하고 싶은 요점을 세 가지로 정리하여 발언하는 것이 좋습니다.

말의 요점을 명확하게 정리하지 못하면, 설명을 해도 상대방이 알아듣기 힘들겠지요. 복잡한 이야기일수록 요점을 정리하는 것이 중요합니다.

말하고 싶은 내용을 세 가지로 요약해서 말하면, **상대방의 머리에도 더 또렷하고 오래 남을 수 있습니다.**

말하고 싶은 내용을 명확하게 전하기 위해서는 요점을 세 가지로 정리하는 방법 이외에도 두 가지를 더 염두에 둬야 합니다. 첫 번째는 '**결론부터 말하는 것**'입니다. 영어권의 사람들은 결론이 먼저 나오지 않으면 혼란스러워합니다. 이야기의 전체적인 그림을 먼저 제시하기 때문에, 영어 실력 부족으로 인한 오해를 유발할 위험성을 줄이는 효과도 있습니다.

두 번째는 '**가능한 한 구체적으로 말하는 것**'입니다. 추상적으로 답변하면, 사람마다 다르게 이해할 수 있습니다. 뭔가를 말하거나 일을 의뢰할 때는 구두로 끝내지 말고, 구체적으로 문서를 작성하는 것이 좋습니다. 일의 기한, 중요도 등도 포함하여 정확하게 작성합니다. 이 방법으로 하고 싶은 말을 정확하게 하시기를 바랍니다.

### 📑 MORE EXPRESSIONS

간단히 세 가지만 말씀드리겠습니다.

- In short, I have three things to share with you.
- Basically, there are three things we need to talk about.

지금 바로 말씀드릴 것이 세 가지 있습니다.

- The point is I have three things I immediately need to talk about.

제가 말씀드리고 싶은 것은 세 가지입니다.

- What I'm trying to say is there are three things that I really want to share with you.

지금 세 가지만 부탁드리고자 합니다.

- Now, I would like to ask you three favors.

# By the way, we have only 10 minutes left.

그런데, 이제 10분밖에 남지 않았어요.

A: **By the way, we have only 10 minutes left.**

그런데 이제 10분밖에 남지 않았어요.

B: **I'm sorry that I talked too much.**

말을 너무 많이 해서 죄송합니다.

A: **Never mind. Thanks for lots of useful information.**

신경 쓰지 마세요. 유용한 정보를 많이 알려주셔서 감사합니다.

B: **Thanks.
Let's move on to the next topic.**

고맙습니다.
다음 의제로 넘어가시죠.

A: **Sure. Does anyone have any questions so far?
If not, let's summarize the main points we covered.**

네. 지금까지 한 내용에 관해 질문 있으신가요?
없으시면, 논의한 내용 중 중요한 부분을 정리하겠습니다.

논제에서 벗어난 대화를 원래대로 돌리는 법

제가 일하는 마이크로소프트에서는 일과 생활의 균형을 지키기 위해 업무 효율성을 중시하고, 회의는 30분 내에 끝내는 것이 관습처럼 굳어져 있습니다. 하지만 열정이 넘치는 사람들이 모여 논의하다 보면, 서로 이야기가 끊이지 않고 계속될 때도 있습니다.

회의 분위기가 고조되어 대화가 무의미하게 늘어지거나 논제에서 벗어났을 때는 **"By the way, we have only ○○ minutes left**.(그런데 이제 ○○ 분밖에 남지 않았어요.)"라고 말합니다.

'by the way'는 **대화의 화제를 바꿀 때 쓰는 단골 표현**입니다. 회의에서 다양한 의견을 내는 것도 중요하지만, 대개 시간 제약이 있지요. 효율적으로 진행하지 않으면, 시간 내에 아무것도 결정하지 못해 한 번 더 모여야 합니다. 그러므로 **'by the way'를 활용하여 이야기를 원래 주제로 되돌려야** 합니다.

'by the way'라고 말하기만 해도 대부분은 자신이 지나치게 말을 많이 했다는 점을 깨닫습니다. 만약 말을 너무 많이 한 사람이 사과한다면, **"Never mind. Thanks for lots of useful information**.(신경 쓰지 마세요. 유용한 정보를 많이 알려주셔서 감사합니다.)"라고 답하면 됩니다. 그 말 한마디면 상대방과 어색해지는 일은 없을 것입니다.

### 말을 덧붙일 때도 유용한 'by the way'

'그런데'라는 의미로, 화제를 바꾸는 단어에는 **'anyway'**도 있습니다. 저는 'anyway'를 'by the way'와 똑같이 대화가 논점에서 벗어났을 때 씁니다. '어쨌든', '여하튼' 등의 말을 넣어 대화를 원래 논점으로 되돌릴 수 있습니다.

또 'by the way'는 화제를 바꾸는 효과 외에도 **"By the way, I used to live in the states**.(여담이지만 저는 미국에서 산 적이 있습니다.)", **"By the way, I work at a car dealership, so if you need help buying a car, let me know anytime**.(여담이지만 제가 자동차 대리점에서 일하고 있으니, 만약 차를 사실 때 도움이 필요하시면 언제든 연락주세요.) 처럼 '여담이지만'이라는 의미로, 말을

덧붙이는 경우에도 쓸 수 있습니다. 'by the way'를 적절하게 활용하여 회의가 효율적으로 진행될 수 있도록 연습해보세요.

📃 **MORE EXPRESSIONS**

음, 조금 전에 하신 말씀을 다시 한번 설명해주시겠어요?

- Well, could you repeat what you said before?

그런데 지금 논점에서 벗어난 것 같네요.

- Anyway, I think we're steering off topic a bit.

좋은 정보를 주셔서 감사합니다만, 논제로 다시 돌아갑시다.

- Thanks for your input, let's get back on track.

참고삼아 말씀드립니다만, 이제 10분밖에 남지 않았네요.

- For your information, we have only 10 minutes left.

아, 방금 생각났습니다만, 한 가지 안건이 더 남아 있어요.

- Oh! I just remembered we need to discuss one more topic.

# Have you had a chance to look over the report I sent to you yesterday?

어제 보내드린 보고서는 살펴보셨나요?

A: Have you had a chance to look over the report I sent to you yesterday?

어제 보내드린 보고서는 살펴보셨나요?

B: I have not had a chance yet. Can I take care of it tomorrow?

아직 살펴볼 기회가 없었어요. 내일 확인해도 될까요?

A: Of course. Tomorrow will be fine. But I need it for my customer visit next week.

물론이에요. 내일이라도 상관없습니다.
하지만 다음 주에 고객이 방문할 때 필요합니다.

B: Sure. I'll give my feedback tomorrow.

네. 내일 피드백을 드리겠습니다.

A: Thank you very much for your support with your busy schedule.

바쁘신 중에도 도움을 주셔서 정말 감사합니다.

직장에서는 책임지고 자기 업무를 끝내는 것은 당연한 일입니다. 그리고 자신이 부탁한 일이 어떻게 진행되고 있는지 확인하는 것도 당연히 해야 할 일 중 하나지요. 부탁하고 하루가 지나도 답변이 없다면, 상대방이 잊어버렸거나 우선순위가 뒤로 밀렸을 가능성이 있으므로 확인을 해봐야 합니다.

해외에서 일을 시작했을 무렵에는 답변을 빨리 받지 못해도 상대방이 바빠서 그럴 것이라고 생각하며 마냥 기다리곤 했습니다. 기다리다 결국 이야기를 꺼내면, 동료는 '아무 말도 안 하기에 급하지 않은 줄 알았다'라며 오히려 화를 내더군요.

요즘은 상사나 업무 관계자와 메일만 주고받는 경우도 많으므로, 사흘 정도까지는 답변을 그냥 기다리는 사람도 많습니다. 하지만 때에 따라서는 **메일로 답변이 없으면 전화를 해서라도 답변을 부탁해야 합니다.** 그 역시 일을 부탁한 사람이 마땅히 해야 할 일 중 하나입니다.

참고로 저는 "**Have you had a chance to look over the report I sent to you yesterday?**(어제 보내드린 보고서는 살펴보셨나요?)"라는 표현으로 부탁한 일이 어떻게 진행되고 있는지 확인합니다. 비슷한 의미의 "Did you ~?"에 비해 부드럽고 정중한 느낌을 주는 표현이지요.

| | | |
|---|---|---|
| ◯ | Have you had a chance ~? | 부드럽고 정중한 인상을 준다. |
| ✕ | Did you ~? | 직설적이고 무례한 인상을 줄 수 있다. |

'업무를 부탁한 뒤에 발생하는 일은 상대방의 책임'이라고 생각해서는 안됩니다. 일을 부탁하면 끝날 때까지 책임감을 갖고 확인해야 합니다. 지나치게 상대방을 압박하는 것도 실례지만, 적절한 타이밍에 확인하는 것도 부탁한 사람의 의무입니다.

포인트는 상대방이 부담감을 느끼지 않도록 가볍게 확인하는 것입니다. 적절한 시점에 확인하면 일이 진행 속도가 달라지겠지요. 부탁한 일을 압박하면서 재촉하는 것이 아니라 가볍게 확인하면서 상대방의 답변을 기다리세요.

📑 **MORE EXPRESSIONS** ─────────────────────

어제 보내드린 보고서는 살펴보셨나요?

- Have you looked over the report that I sent to you yesterday?
- Have you had an opportunity to look over the report that I sent to you yesterday?
- Could you look over the report that I sent to you yesterday?

어제 보내드린 보고서를 살펴보셨는지 궁금하네요.

- I was wondering if you had a chance to look over the report that I sent to you yesterday.
- I was wondering if you had time to look over the report that I sent to you yesterday.

**UNIT 6**
상사에게 보고하고 조언을 구할 때

# I have one thing to share with you.

한 가지 드릴 말씀이 있습니다.

A: **I'm sorry to bother you.**　　　　　　방해해서 죄송합니다.

B: **What is it?**　　　　　　무슨 일인가요?

A: **I have one thing to share with you.**　　한 가지 드릴 말씀이 있습니다.

B: **Sure. Go ahead.**　　　　　　좋아요. 해보세요.

A: **The meeting went really well except for one thing.
Let me quickly summarize what happened.**
　　　　　한 가지만 빼고는 회의가 정말 순조로웠습니다.
　　　　　회의 내용을 간단히 설명해 드릴게요.

---

상사의 신뢰를 얻는다

간혹 일의 궤도를 수정해야 하거나 새로운 상황을 보고할 때, 상사에게 "**I have one thing to share with you.**(한 가지 드릴 말씀이 있습니다.)"라는 표현을 활용합니다. '한 가지' 정보만 보고한다는 점을 강조하여 상사의 관심을 끕니다.

또 적절한 타이밍에 정보를 공유하면 상사는 일이 어떻게 진행되는지 하나 하나 파악할 수 있으므로, 문제가 발생했을 때 상사와 함께 책임을 공유하게 됩니다. 일을 하다 보면 문제가 발생하기 마련이지요. 이런 표현으로 정보를 상세하게 공유하면 무의미한 설교를 듣는 시간은 없어질 것입니다.

### 상사에게 쓰기 부적절한 표현

상사와 의논할 때 "Could you do me a favor?(부탁 하나 들어주시겠어요?)"라며 다소 저자세로 말을 거는 방법도 있습니다. 하지만 바쁜 상사를 붙잡는 표현으로는 적절하지 않습니다.

"Could you do me a favor?"는 상대방이 부탁을 거절하기 어려울 정도로 정중한 표현입니다. 하지만 지나치게 저자세로 하는 부탁이기 때문에, 간혹 바쁘다는 이유로 뒷전으로 밀려날 수도 있음에 주의해야 합니다.

급한 연락이 필요할 때 편하게 쓸 수 있는 말은 '그저, 단지'의 뜻을 가진 'just' 입니다. "**Just a quick approval request regarding (about)** ~(~에 관한 빠른 승인 요청)", "**Just a quick update regarding (about)** ~(~에 관한 급한 보고)", "**Just a heads up regarding (about)** ~(~에 관한 급한 연락)" 등 용건을 간략한 표현으로 전할 수 있습니다.

예를 들어 출장 신청 승인을 요청할 때는 "**Just a quick approval request regarding (about) my business trip next week.**(다음 주 출장에 관한 빠른 승인 요청)"라고 쓸 수 있습니다.

상사는 여러 직원들에게서 보고도 받아야 하고, 참석해야 하는 회의도 많습니다. 회의에 들어가느라 자리를 비우거나 자리에 있더라도 다른 사람과 이야기를 나누는 등 늘 바쁘지요. 하지만 일은 상사나 고객에 대한 서비스라고 할 수도 있습니다. 적절한 시점에 상사와 정보를 공유하면, 상사는 여러

분을 신뢰하게 됩니다.

### 대화에 끼어들 때 유용한 표현

상사가 다른 사람과 오래 이야기를 나누고 있어 좀처럼 말을 걸기 어려울 때는 "**I'm sorry to bother you**.(방해해서 죄송합니다.)"라는 표현을 이용합니다. 그러면 한창 이야기를 나누는 중이라도 정중하게 대화에 끼어들 수 있습니다.

여러모로 바쁜 상사의 사정을 이해하고 쓸데없이 시간을 허비하지 않도록 도와야 합니다. 보고나 회의를 적당하게 할 수 있도록 소통하는 것이 중요합니다. 상사가 여러분의 이야기를 듣는 것을 힘들어하지 않도록 항상 상대방을 배려하는 커뮤니케이션 방법을 고민해보세요.

### MORE EXPRESSIONS

한 가지 드릴 말씀이 있습니다.

- I have only one thing to share with you.
- I'd like to share only one thing with you.

중요하게 말씀드릴 것이 하나 있습니다.

- There's one important thing I have to share with you.

드릴 말씀이 있습니다.

- There's something I have to share with you.

중요하게 말씀드릴 것이 있습니다.

- I've got something really important to share with you.

# 자신의 감정을
# 전하고 싶을 때

부끄러움이 많은 사람은 감사하는 마음도 적극적으로 표현하지 못합니다. 하지만 원어민은 듣는 사람이 다소 민망해질 정도로 적극적으로 마음을 표현합니다. 원어민처럼 자신의 감정을 솔직하게 표현하면서 동료 의식을 높여보세요.

UNIT 1
감사의 마음을 전하는 방법

# You made my day!

덕분에 기분이 좋네요!

| | |
|---|---|
| A: **Congratulations for winning the award once again. Well-deserved!** | 수상을 다시 한번 축하드려요. 충분히 받을 만하세요. |
| B: **You made my day!** | 덕분에 기분이 좋네요! |
| A: **My pleasure. I'm so impressed by your passion and accomplishments.** | 별말씀을요. 당신의 열정과 성과에 깊은 감명을 받았어요. |
| B: **Thank you very much.** | 정말 감사합니다. |
| A: **Keep up the good work!** | 앞으로도 열심히 하시길 바랄게요! |

**적극적으로 감사의 마음을 표현한다**

글로벌 사회에서는 감사의 마음을 제대로 전하는 것도 중요합니다. **감사하는 마음을 전하면, 듣는 사람도 기분이 좋아지지요. 물론 말하는 사람도 자신의 성공이 주변 사람들의 도움 덕분임을 잊지 말아야 합니다.**

글로벌 기업에서 활약하고 있는 '일 잘하는' 사람일수록 다양한 상황에서 감사의 마음을 표현하는 데 적극적입니다.

저 역시 그들을 보고 배워 누군가에게 도움을 받거나 기분 좋은 말을 들으면, **"You made my day!**(덕분에 기분이 좋네요!)**"**라고 말합니다. 저의 감사 인사를 들은 상대방 역시 즐거운 마음으로 하루를 보내길 바라면서요.

### 칭찬을 받으면 솔직하게 기뻐한다

때로는 타인에게서 칭찬을 받기도 하지요. 그럴 때 대부분은 "아니에요. 그렇지 않아요."라며 겸손해합니다. 영어 회화에서는 지나치게 부정하면 칭찬한 상대방이 '기쁘지 않은 건가?' 하며 혼란스러워합니다.

따라서 칭찬을 받으면 솔직하게 **"Thanks!"** 혹은 **"You made my day!"**라고 말하면 됩니다. 그러면 칭찬해준 상대방도 기분이 좋아지겠지요.

동료의 도움으로 일이 잘 풀릴 때나 재미있는 이야기로 한바탕 웃은 경험은 누구에게나 있을 것입니다. 그렇게 행복한 감정을 느끼면 **"You made my day!"**라며 최대한 감사의 마음을 전하며 상대방과 그 감정을 공유하세요. '덕분에 오늘 하루를 즐거운 마음으로 보낼 수 있어요'라는 뜻이니 상대방 역시 기분이 좋겠지요.

저도 이런 말을 들으면 마음이 즐거워집니다. 안 좋은 일이 생겨도 이런 사소한 말 한마디가 그 사람의 하루를 행복하게 바꿀 수 있습니다. 그런 경험은 모두 한 번쯤 있지 않을까요?

누군가의 덕분에 기분 좋은 일이 생기면 **"You made my day!"**라고 말하세요. 또 이런 말을 들을 수 있도록 노력하면 하루를 더 열심히 살 수 있을 것입니다.

정말 고마워요!
- Thanks a million!

당신이 최고예요!
- You are the best!
- You are the greatest!

어떻게 감사를 드려야 할지 모르겠네요.
- I can't thank you enough!

저에게는 정말 큰 의미가 있어요.
- This means a lot to me!

저에게 얼마나 큰 의미인지 모르실 거예요.
- You don't know how much this means to me!

# You're always willing to go the extra mile.

항상 남보다 더 열심히 노력하시잖아요.

A: **Congratulations on your promotion!**

승진을 축하드려요!

B: **Thank you. I'm really thrilled.**

감사합니다. 정말 두근거리네요.

A: **I'm sure you'll be a great sales manager.
I'm truly impressed by your superb achievement.**

분명 좋은 영업부장이 되실 거예요. 당신의 놀라운 실적에 깊은 인상을 받았거든요.

B: **I hope I can live up to everyone's expectations.**

모두의 기대에 부응할 수 있었으면 좋겠네요.

A: **Yes, you can. You're always willing to go the extra mile to make sure the customers are satisfied.**

네, 그러실 거예요. 고객들을 만족 시키기 위해 항상 남보다 더 열심히 노력하시잖아요.

외국인과 일하기 위해서는 칭찬하는 말을 많이 알아두는 것이 좋습니다. **칭찬은 상대방을 인정하는 일**입니다. 상대방에게 자신감을 심어주고 동기를 부여하지요.

주변 사람들을 칭찬하는 말을 적극적으로 활용하세요. 예를 들어 "**He is always willing to go the extra mile to make sure the customers are satisfied. That's why he is successful in the company**.(그는 고객들을 만족시키기 위해 항상 남보다 더 열심히 노력해요. 그게 성공적인 회사 생활의 비결이에요.)"라며 팀원들 앞에서 말해주면 어떨까요? 이 역시 상사의 역할이라고 할 수 있습니다.

자신의 의지를 나타내고 싶을 때도 'go the extra mile'을 씁니다. 영어권 사람들은 상대방을 다소 과장되게 칭찬하고 좋게 평가하는 경향이 있습니다. 그것이 팀원들이나 부하 직원들에게 동기를 부여하여 일이 더 잘 진행되도록 만듭니다. 상사 자신도 신뢰를 얻을 수 있지요.

저도 글로벌 회사에서 일하게 된 순간부터 유능한 동료나 부하 직원의 노력과 실적을 여러 사람 앞에서 칭찬해왔습니다. 팀원들이나 관계자들에게 메일로 알리기도 하지요.

노력과 성과를 다른 사람에게 알려주면, 그 당사자는 주변 사람들의 인정을 받아 일을 더 수월하게 진행할 수 있는 효과도 있습니다. 일이 순조롭게 진행되는 것은 상사인 저에게도 좋은 일이지요.

외국인 상사나 부하, 동료들과 커뮤니케이션을 할 때는 단 한마디로 인간관계가 크게 변할 수도 있습니다. 상대방을 칭찬하거나 자신의 의지를 표현할 때, 'go the extra mile' 구문을 활용하세요.

## 📑 MORE EXPRESSIONS

주변 사람들의 기대를 뛰어넘기 위해 항상 노력하고 있어요.
- I always make the effort to exceed the expectations of the people around me.

그는 그 팀의 누구보다 더 열심히 일합니다.
- He works harder than anyone else in the team.

저는 고객들의 기대를 뛰어넘기 위해 더 나은 서비스를 제공하고자 노력합니다.
- I am committed to providing better service beyond my customers' expectations.

그녀가 항상 열심히 일한다는 사실은 모두가 알고 있어요.
- Everyone knows she always tries hard.

저는 고객들의 기대를 뛰어넘기 위해 항상 최선을 다하고 있어요.
- I always work to the best of my ability to exceed my customers' expectations.

UNIT 3
최고의 칭찬 표현

# I'm proud of you.

당신이 자랑스러워요.

A: **Here's to Mr. Smith on your overseas assignments. Cheers!**

Smith 씨의 해외 부임을 축하드리며 건배!

B: **Thanks. I'm so excited. I can't thank you enough. Thanks for your advice.**

고맙습니다. 정말 두근거리네요. 어떻게 감사 인사를 드려야 할지 모르겠어요. 여러분의 조언에 감사드립니다.

A: **I'm glad your hard work has paid off. I'm proud of you.**

그간의 노력을 보상받으시는 것 같아 기쁘네요. 당신이 자랑스러워요.

B: **That encourages me a lot!**

그 말씀이 힘이 되네요!

A: **I wish you further success!**

더 좋은 성과를 이루시길 바랄게요!

상대방이 듣고 싶어 하는 말

일반적으로 서구권 기업에서 칭찬은 일상입니다. 칭찬을 받으면 누구나 기분이 좋아지지요. 칭찬으로 상대방에게 감동을 줄 수 있다면, 나에 대한 그 사람의 태도가 바뀌며 일하기가 한결 더 수월해집니다. 글로벌 사회에서 활발하게 활동하는 사람은 적극적으로 남을 칭찬합니다.

다양한 칭찬 표현 중에서 **"I'm proud of you.**(당신이 자랑스러워요.)**"**는 최고의 표현으로, **뛰어난 성과를 거둔** 사람에게 씁니다.

'proud'는 글자 그대로 '자랑스럽게 여기다'라는 뜻입니다. 다소 낯간지럽게 들릴지도 모르지만, 형식적으로 내뱉지 말고 상대방의 노력과 고생을 깊이 이해하여 진심으로 말한다면 최고의 칭찬이 됩니다.

예전에 저는 해내지 못할 것이라고 생각했던 프로젝트를 성공시킨 적이 있습니다. 안도의 한숨을 내쉬고 있을 때, 제 기분을 알아챘는지 당시 상사가 사람들 앞에서 **"Good job. I'm proud of you!**(잘했어요. 당신이 자랑스럽네요.)**"**라고 말해줘서 정말 기뻤던 기억이 있습니다.

### 윗사람에게도 쓸 수 있는 표현

'**proud**'는 자신보다 지위가 높은 사람에게도 쓸 수 있습니다. 상사 등 윗사람이 승진하거나 수상하는 등 뛰어난 성과를 거뒀을 때, **"I'm so proud of you!"**라고 말해보세요. 저는 윗사람에게 말할 때는 'proud' 앞에 'so'를 붙여 깊은 존경의 마음을 표현합니다.

상사, 동료, 고객 등이 자기 가족을 자랑할 때도 활용할 수 있지요. "우리 아이가 명문대학에 합격했어요", "우리 딸이 상을 받았어요" 같은 말을 들으면, **"You must be very proud of your daughter.**(따님이 정말 자랑스러우시겠어요.)**"**라며 최고의 칭찬을 건네세요.

저도 기회가 있을 때마다 'proud'를 활용하여 주변 사람들의 성공과 노력을 칭찬합니다. 그러면 상대방의 표정이 밝아지는 것은 물론이고, 그에게 일에 대한 동기도 부여할 수 있지요.

당신이 존경스럽네요.
- I admire you.

당신은 정말 훌륭한 사람이에요.
- You're my hero.

당신에게 감동을 받았어요.
- I'm impressed with you.

당신에게 정말 놀랐어요.
- I'm amazed by you.
- You're full of surprises.

## UNIT 4
일체감을 형성하는 한마디

# Absolutely!

*맞는 말씀이에요!*

A: **Our sales have slowed down. We have to take action.**

판매가 줄어들고 있어요. 뭔가 대책을 세워야겠습니다.

B: **Why don't we do research on customer reaction to our new packaging?**

새로운 포장에 대한 소비자 반응을 조사해보면 어떨까요?

A: **Absolutely! Let's contact the marketing department as soon as possible.**

맞는 말씀이에요! 가능한 한 빨리 마케팅 부서에 연락해봅시다.

B: **I know you know them well. Can you contact them?**

그쪽 사람들을 잘 아시잖아요. 연락해주실 수 있나요?

A: **Certainly!**

물론이죠!

---

### 동의 표현으로 분위기를 고조시킨다

회의는 각자의 의견을 나누는 자리이므로, 자신의 의견이 다른 사람의 의견과 완전히 일치하기란 쉽지 않습니다. 하지만 부분적으로 동의할 수 있는 순간이 있지요. 그럴 때, "**Absolutely!**(맞는 말씀이에요!)"라며 **동의하면 상대방의 마음을 열 수 있습니다.**

"Absolutely!"는 동의를 표현할 때 외에도 "훌륭해요!" 등 상대방의 발언에 감동하면서 맞장구칠 때도 유용합니다. **"Lovely!"**, **"Brilliant!"**, **"Awesome!"** 등도 같은 의미로 씁니다.

맞장구는 대화의 윤활유 역할을 합니다. 상대방의 말에 아무 말도 하지 않고 가만히 있기보다는 단어, 표정, 어조 등을 바꿔가면서 적극적으로 맞장구치는 것이 좋습니다.

### 표현의 폭을 넓힌다

"Of course!"도 같은 뜻이지만, "Absolutely!"가 더 긍정적인 뉘앙스를 풍깁니다. 저도 회의 때 자주 쓰는 표현으로, 살짝 격앙된 목소리로 말하면 상대방에게 자신감을 줄 수 있습니다.

이런 표현에 익숙한 원어민은 목소리의 크기, 고저, 타이밍 등을 절묘하게 조절할 수 있겠지만, 그렇지 않은 비원어민도 반복해서 하다 보면 어느새 익숙해질 것입니다.

"Very good!"을 **"Absolutely great!"**로, "I liked it very much!"를 **"I absolutely liked it!"**으로 바꿔 말하는 등 표현의 폭을 넓힐 수 있습니다. 강조하고 싶은 동사나 형용사 앞에 붙이면, 분위기가 고조되고 일체감이 형성됩니다.

꼭 회의 때가 아니더라도 여러 명이 담소를 나눌 때도 쓸 수 있습니다. "Absolutely!"로 상대방의 말에 동조하면, 분위기가 순식간에 밝아집니다. 밝고 큰 목소리로 "Absolutely!"를 외치며 즐겁게 일하세요.

## 📑 MORE EXPRESSIONS

A: 유학 프로그램을 신청했거든요. 이번 여름에 영어 공부에 전념할 예정이에요.

I applied to a study abroad program.
I'll be committed to studying English this summer.

B: 멋지네요!

Lovely!

A: 영어는 우리의 모든 잠재능력을 발휘할 수 있는 기회를 주는 것 같아요.

I think English is an opportunity to realize our full potential.

B: 맞는 말씀이에요!

Brilliant!

A: 드디어 제가 해외에서 근무하게 됐어요.

I've finally been selected for an overseas assignment.

B: 잘됐네요!

Awesome!

**UNIT 5**
기대감을 표현하는 말

# I'm counting on you.

기대할게요.

A: **May I ask for your support in researching customer's reaction to our new packaging?**

새로운 포장에 대한 소비자 반응 조사를 도와주실 수 있나요?

B: **Could you explain that in more detail?**

자세하게 설명해주시겠어요?

A: **Our sales figures are going down. So we need to do research on customer reaction.**

우리 제품의 판매 실적이 떨어지고 있어요. 그래서 소비자 반응을 조사 해봐야 할 것 같아요.

B: **Certainly! I'm committed to supporting you so you can perform at your best.**

물론이죠! 최고의 결과를 낼 수 있도록 최선을 다해 도와드릴게요.

A: **I'm counting on you.**
**Thanks for your kind understanding and support!**

기대할게요.
이해하고 도와주셔서 감사해요!

#### 상대방에 대한 신뢰감과 기대감을 표현한다

긍정적인 표현을 기본으로 하는 영어 회화를 잘하려면, 칭찬 표현을 많이 알고 있어야 합니다. 칭찬에 너무 인색하면, 상대방은 자신이 미움받고 있다고 생각할지도 모릅니다. **상대방을 신뢰하고, 그에게 기대를 걸고 있다면 그 마음을 제대로 전달하세요.** 그러면 그 사람과 더불어 팀 전체의 사기가 높아져 비즈니스 성과도 좋아질 수 있습니다.

칭찬하는 말 중에는 "**I'm counting on you.**(기대할게요.)"가 있습니다. 안심하며 믿고 맡길 수 있다는 뜻을 담고 있어, **상대방에게 '신뢰를 바탕으로 한 기대감'을 전하는 데 효과적**입니다.

#### 상대방이 기대하기를 요청한다

'counting on'은 타인에만 쓸 수 있는 것이 아니라 자기 자신에게도 쓸 수 있습니다. "**You can count on me!**(저에게 맡겨주세요!)"라는 말로, **일을 향한 자신감을 나타낼 수 있습니다.**

'count on ~'은 '~을 믿다, ~에 의지하다'라는 뜻입니다. 그러므로 'count on me'는 '저를 믿어주세요' 즉, '저에게 맡겨주세요'라는 의미가 됩니다.

가령 다른 사람이 뭔가를 부탁할 때, "**Count on me.**"라고 말할 수 있겠지요. "Count on me."는 일상회화에서도 가벼운 마음으로 쓸 수 있으므로, 자신감을 표현할 때 활용하면 좋습니다. 일에 대한 자신감을 드러내면 주변 동료들과의 거리도 가까워져 일도 순조롭게 할 수 있습니다.

저는 누군가에게 동기를 부여할 때, "**This is a task only you can handle. I'm counting on you!**(이 일은 당신만이 할 수 있어요. 기대할게요!)"라고 말합니다. 일이란 혼자서 묵묵히 할 때도 있지만, 다른 사람에게 맡기는 것이 더 효율적일 때도 있습니다. 여럿이 함께 일한다면, 전원의 사기를 높이고 모두에게 동기를 부여해야 합니다.

비즈니스는 신뢰 관계를 바탕으로 이루어집니다. 어떻게 신뢰 관계를 구축하는지에 따라 앞으로 올 기회가 크게 달라질 수 있습니다. 상대방을 믿는 동시에 상대방의 기대를 받고 싶을 때는 'count on' 구문을 활용하세요. 신뢰 관계를 형성하여 뛰어난 실적을 쌓아보세요.

## 📑 MORE EXPRESSIONS

기대하겠습니다.
- I have high hopes for you.

좋은 소식을 들을 수 있기를 기대할게요.
- I hope I will hear good news from you.

당신에게 많이 기대하고 있어요.
- I am expecting a lot from you.

좋은 결과를 기대하고 있어요.
- I am anticipating good results for you.

당신의 활약을 기대하고 있어요.
- I look forward to your contribution.

## 다른 사람의 도움이
## 필요할 때

● 　　　　부탁할 때는 특히 더 정중하게 표현하도록 신경 써야

합니다. 말하는 사람은 정중하다고 생각해도 듣는 상대방은 그렇지

않게 느끼는 경우도 있지요. 많은 사람이 즐겨 쓰는 'please'의 올

바른 용법도 자세하게 알아볼 예정입니다.

## UNIT 1
### 협력을 구하는 현명한 방법

# I wondered if you could help me.

저를 도와주실 수 있는지 궁금해요.

A: **I wondered if you could help me.**    저를 도와주실 수 있는지 궁금해요.

B: **Sure. How can I help you?**    그럼요. 무엇을 도와드릴까요?

A: **Could you give me your frank opinion on my proposal?**    저의 제안서에 대한 솔직한 의견을 말씀해주시겠어요?

B: **Frankly speaking, I don't think cutting prices is a good idea. I'd rather try to add more useful features to the product.**    솔직히, 가격을 낮추는 것은 좋은 생각이 아닌 것 같아요. 제품에 더 유용한 기능을 추가하는 게 좋겠어요.

A: **Thanks for your useful feedback. I'll consider this again.**    좋은 조언을 주셔서 감사합니다. 다시 생각해볼게요.

---

**도움을 받을 수 있는 가능성을 높인다**

일은 의뢰의 연속입니다. 회사라는 공동체에 소속된 이상 사내의 선배, 동료, 부하, 타 부서 사람들에게 일을 부탁하거나 부탁받게 되지요. 업종에 따라서는 외부업체에 발주하는 경우도 있습니다. 여하튼 업무를 수행하기 위해서 빼놓을 수 없는 것이 의뢰와 부탁입니다.

일을 잘하는 사람은 부탁하는 방법도 조금 다릅니다. **상대방을 배려하고 존중하는 마음을 담아 부탁하는 것이 가장 좋습니다.** 가령 "**I wondered if you could help me.**(저를 도와주실 수 있는지 궁금해요.)"라는 표현이 있습니다. 'I wondered if ~'를 활용한 정중한 표현으로 부탁받으면, 자연스럽게 도와주고 싶은 마음이 들 것입니다.

**참고로 '–ing'형을 써서 "I was wondering if ~"라고 하면, 더 정중한 표현이 됩니다.** 매우 정중하게 부탁하고 싶을 때 쓰면 좋겠네요.

---

'please'를 쓸 때 유의할 점

'please'를 쓰면 마치 지위가 높은 사람이 상대방을 강압하는 것 같은 느낌을 줍니다.

특히 "Please help me.(도와주세요.)"처럼 'please'를 붙이면, 어떤 표현도 정중하게 바뀐다고 생각하는 사람이 많습니다. 뒤에 'help me' 같은 명령문을 덧붙이면, 상대방에게 거절할 여지를 주지 않는 다소 거만한 표현이 될 수 있습니다. 그러므로 매우 주의해서 써야 합니다.

| | | |
|---|---|---|
| ◯ | I wondered if ~ | 상대방을 배려하고 존중하는 마음을 담아 정중하게 부탁하는 표현이다. |
| ✕ | please | 지위가 높은 사람이 상대방을 강압하는 듯한 부정적인 느낌을 준다. |

부탁하기 어려운 일이나 상대방에게 부담이 되는 일을 요청할 때는 부드러운 뉘앙스를 풍기는 단어를 고르는 배려가 필요합니다. 사이가 친밀한 동료에게는 'please'를 써도 상관없습니다. 친근한 어조와 웃는 얼굴로

"Please!"라고 부탁해도 부정적인 인상을 주지는 않을 것입니다.

하지만 메일에서 쓰면 상대방이 불쾌하게 여길 수도 있습니다. 가까운 사이라도 오해를 불러일으킬 수 있으므로, 쓰지 않는 편이 좋습니다.

현대 사회에서 많은 일을 이루기 위해서는 여러 사람의 협력이 필요합니다. 누군가의 도움이 필요할 때는 예의 바르고 정중하게 부탁해야 한다는 사실을 꼭 기억하세요.

## 📑 MORE EXPRESSIONS

이 서류를 복사해줄 수 있는지 궁금해요.
- I wondered if you could copy these documents.

경력을 어떻게 관리해왔는지 말씀해주실 수 있나요?
- I was wondering if you could tell me how to develop your career.

프로젝트를 성공적으로 이끌 수 있는 가장 좋은 방법을 말씀해주실 수 있나요?
- Could you help share with me the best way to manage the project successfully?

프로젝트를 성공적으로 이끌 수 있는 방법을 말씀해주시면 큰 도움이 될 것 같아요.
- It would be really helpful if you could share with me how you could manage the project successfully.

프로젝트를 성공적으로 이끌 수 있는 방법을 말씀해주시면 감사하겠습니다.
- I would appreciate it if you could share with me how you would manage the project successfully.

# I need to seek your advice.

당신의 조언이 필요해요.

A: **I'm preparing the proposal about performance management next week.**
I need to seek your advice.

다음 주 성과 관리에 관한 제안서를 준비하고 있어요.
당신의 조언이 필요해요.

B: **That is my specialty.**
**I'd love to.**
**How may I help you?**

그건 제 전문분야네요.
좋아요.
무엇을 도와드릴까요?

A: **Could you tell me the performance management trends of MNCs (multinational companies)?**

다국적 기업의 성과 관리 트렌드에 관해 말씀해주시겠어요?

B: **In recent days, some MNCs have even considered eliminating performance ratings.**

최근에는 몇몇 기업들이 실적 평가를 없애는 것을 고민하고 있어요.

A: **Wow, very interesting.**

와, 흥미롭네요.

앞에서 말했듯이 뭔가를 부탁할 때는 예의 바르고 정중한 표현을 써야 합니다. 때로는 정중한 태도뿐만 아니라 상대방의 경험과 지식을 높이 평가하며, **다른 누군가가 아닌 그의 힘이 꼭 필요하다는 사실을 강조하며 도움을 요청해보세요.**

가령 "**I need to seek your advice.**(당신의 조언이 필요해요.)", "**I need to seek your guidance.**(당신의 가르침이 필요해요.)"처럼 'advice'와 'guidance'를 적절하게 활용합니다.

'advice'나 'guidance'를 쓰면, 상대방의 지식과 경험을 높이 평가한다는 의미가 포함됩니다. 게다가 이 구문에 나오는 'seek'은 '유익한 조언을 알아보며 정답을 찾고 있다'라는 의미를 담고 있습니다. "I need to ask for your advice."처럼 'ask'를 쓸 수도 있지만, 'ask'는 단순히 '조언을 구한다'라는 뜻만 나타냅니다.

누군가에게 조언을 구할 때는 단순히 'ask'가 아니라 유용한 조언을 찾아 제대로 익히겠다는 뜻의 'seek'을 씁니다. 단어 하나의 차이로 자신이 처한 상황과 진지하게 마주하고 있음을 확실하게 표현할 수 있습니다.

| | | |
|---|---|---|
| ○ | seek | '유익한 조언을 알아보며 정답을 찾고 있다'라는 의미를 담고 있다. 진지한 태도로 현재 상황과 마주하고 있다는 인상을 줘서 상대방의 도움을 받을 가능성이 높아진다. |
| ✕ | ask | 단순히 조언을 요청한다는 뜻이다. |

누구나 자신이 쌓아온 경험과 지식을 인정받고 싶어 합니다. 그리고 그것이 어떤 일의 성공에 이바지한다면, 기쁘겠지요. 훌륭한 경험과 지식을 지닌 사람에게 도움을 청할 때는 그 사람을 향한 존경을 표현하는 것도 잊지 않아야 합니다.

### 📑 MORE EXPRESSIONS

몇 가지 조언을 해주실 수 있나요?

- Could you kindly provide me some guidance?

조언을 부탁드려도 될까요?

- Do you mind if I could ask for your guidance?
- Do you mind sharing some advice with me?

몇 가지 조언을 주시면 감사하겠습니다.

- I would appreciate it if you could give me some advice.
- I would be grateful if you could give me some advice.

UNIT 3
최대한 정중하게 부탁하는 표현

# Could you possibly consider making a slightly better offer?

가능하다면 조금이라도 더 나은 제안을 검토해주실 수 있나요?

A: **This is still over our budget.**
**Could you possibly consider making a slightly better offer?**

아직도 우리의 예산을 초과하네요. 가능하다면 조금이라도 더 나은 제안을 검토해주실 수 있나요?

B: **We've considered all the points you've put forward.**
**I have some concerns about where we are going.**

말씀하신 모든 요소들을 검토했습니다. 논의의 방향이 조금 염려스럽네요.

A: **I know. Well, how about $20,000? I can't make any further.**

알겠습니다. 그럼 2만 달러는 어떻습니까? 그 이상은 협의가 힘들 것 같군요.

B: **That might work.**
**I'm not authorized to go that low.**
**Let me confirm with my manager.**

그 정도라면 가능할 것 같습니다. 제가 그렇게 낮은 가격을 결정할 수 있는 권한은 없어요. 상사에게 확인해보겠습니다.

A: **Thanks for your kind understanding and great support!**

이해하고 도와주셔서 감사합니다!

■■■■ 정중하게 상대방의 의향을 확인한다

"**Could you possibly ~ ?**(가능하시다면 ~해주실 수 있나요?)"는 'Could'를 쓴 정중한 표현 중에서도 최고 수준의 정중함을 나타냅니다. 'Could you'만으로도 정중한 표현이 되지만, 'possibly'를 붙여 '상대방의 상황을 배려하는 느낌'을 더합니다. 이미 여러 번 언급했듯이 영어 회화에서는 정중하게 말하는 것이 매우 중요합니다. 친한 친구 사이에도 부탁하는 일의 성격에 따라 표현이 달라져야 합니다.

비즈니스로 만난 고객에게는 반드시 'would'나 'could'를 써야 합니다. 저는 개인적으로 "Could you possibly ~ ?"를 자주 씁니다. 중요한 고객에게 어려운 부탁을 할 때는 "Could you possibly ~ ?" 이상으로 정중한 표현을 쓰고자 노력하지요.

어떤 언어권에서든 경어와 정중한 표현을 잘 구사하는 사람은 지성과 품격을 갖추고 있다고 인정받으며, 주변 사람들에게 호감을 받습니다. 당연히 영어권에서도 마찬가지입니다. 비즈니스의 TPO(Time, Place, Occasion)에 맞게 말하는 사람은 품위 있는 사람으로 여겨집니다. 정중한 표현은 고객이나 상사뿐만 아니라 평소 가벼운 농담을 주고받는 동료나 부하를 상대로도 필요할 때가 있습니다. 그야말로 TPO에 따라 달라지지요.

■■■■ 영어에서 정중한 태도는 기본이다

'영어에서는 정중한 표현이 중요하지 않다' 혹은 '간단하고 짧은 영어만으로도 충분하다'라고 생각하는 사람이 많지만, 사실 **영어로 말할 때는 존중과 배려가 매우 중요합니다.** 비즈니스 세계에서 살아가는 한 그에 맞는 관습과 매너를 익혀야 합니다. 상대방에 대한 배려를 바탕으로 하는 커뮤니케이션은 비즈니스에 종사하는 사람이 지녀야 할 기본 덕목입니다.

"Could you possibly ~ ?"는 여러 비즈니스 상황에서 쓸 수 있습니다. 이 구문을 활용하여 상대방을 최대한 배려하고 존중하면, 자기 자신의 품격도 높아집니다.

한국인, 중국인, 인도인 등 해외에서 활약하는 비원어민들은 "**Could you possibly give us an estimate?**(가능하다면 견적서를 보내주실 수 있나요?)"라 며 예의 있는 표현을 구사하기 위해 세심한 주의를 기울입니다. 영어를 포 함한 어떤 언어를 쓰든 정중하고 예의 바른 표현을 제대로 이해하고 적절하 게 구사할 수 있도록 노력해야 합니다.

---

📋 **MORE EXPRESSIONS** ─────────────────────────────

더 나은 제안을 검토해주실 수 있나요?
- Could you submit a better offer?
- Would you be able to put forward a better offer?
- Could you please reconsider a slightly better offer?

더 나은 제안을 검토해주시면 감사하겠습니다.
- I'd appreciate it if you could consider making a slightly better offer.
- I'd be grateful if you could consider making a better offer.

# I'll have him contact you to discuss the matter.

당신에게 전화해서 이 문제를 상의하라고 할게요.

A: I know the best person in my team but he is out of office right now. I'll have him contact you to discuss the matter.

우리 팀에 적임자가 있지만, 지금은 외근 중입니다. 당신에게 전화해서 이 문제를 상의하라고 할게요.

B: Thanks.
Could you tell me who he is?

고마워요.
그가 누구예요?

A: That's Hyogo. He has extensive work experience in Asia.

Hyogo입니다. 그는 아시아 지역에서 다양한 업무 경험을 쌓아왔어요.

B: That's great.

좋아요.

A: I believe he can help your business.

그는 당신에게 분명 도움이 될 거예요.

---

**'have'의 적절한 활용**

비즈니스 영어에서는 '타인이 ~하게 하다'라는 뜻의 표현이 자주 등장합니다. 비영어권 학교 수업에서 가르치는 'have', 'make', 'let', 'get' 등의 이른바 '사역동사'를 활용한 표현이 그에 해당하지요. 존경과 정중한 태도를 바탕으로 이루어지는 비즈니스 회화에서는 상황에 따라 어떤 동사를 써야 할지 세심하게 주의를 기울여야 합니다. 의미가 비슷한 듯 보이지만, 사실 큰 차이가 있습니다. 잘못 쓰게 되면 예의 없게 비춰질 수 있으므로, 올바르게 구사하는 방법을 알아야 합니다.

**비즈니스 상황에서 '~하게 하다'라는 의미로 말할 때는 'have'를 추천합니다.** 'have'는 '(자신이 할 수 없는 일을 다른 사람에게 부탁할 때) ~하게 하다'라는 뜻입니다. **억지로 시킨다는 느낌은 그다지 들지 않습니다.**

또 목적어를 사람이 아니라 사물로 하여 과거분사를 쓰면, '결과적으로 어떻게 되었는지'를 서술할 때 편리하게 활용할 수 있습니다. "**I have my desk cleaned by my brother**.(동생이 내 책상을 깨끗하게 치워줬다.)", "**I have my wallet stolen**.(지갑을 도둑맞았다.)", "**I have my hair cut**.(머리카락을 잘랐다.)" 등으로 쓸 수 있습니다.

### 'make', 'let', 'get'의 어감 차이

반면 'make'는 '억지로 ~을 시키다'라는 의미입니다. 그래서 "I'll make him contact you to discuss the matter."라고 하면, "담당자가 싫어해도 당신에게 전화해서 그 문제를 상의하라고 시킬게요."라는 뜻이 됩니다. 예를 들어 친구가 차로 데려다줬을 때 "I made my friend drive me to the office."라고 말하면, '억지로 친구에게 태워달라고 했다'라는 뜻이 되므로 주의해야 합니다.

'let'은 '~하는 것을 허락하다'라는 의미로 강압적인 느낌은 덜하지만, '담당자가 원하므로 전화하는 것을 허락하겠다'라는 뜻이 됩니다.

'get' 역시 누군가에게 뭔가를 시킬 때 쓸 수 있지만, '상대방을 설득하여 ~하게 하다'라는 뉘앙스를 풍깁니다. 따라서 'get'을 쓰면, '담당자를 어떻게

든 설득하여 연락하게 하겠다'라는 의미가 됩니다.

'have'는 '(자신이 할 수 없는 일을 다른 사람에게 부탁할 때) ~하게 하다'라는 뉘앙스를 풍기며, 강압적인 느낌이 없어 비즈니스 현장에서 쓰기에 적절합니다.

| make | '억지로 ~을 시키다'라는 의미다. |
| let | '허락하다'라는 의미를 내포하고 있다. |
| get | '상대방을 설득하여 ~하게 하다'라는 뉘앙스를 풍긴다. |

네 가지 사역동사를 '강제성의 정도'로 구분하여 나타내면, 'let ＜ have', 'get ＜ make'입니다. **비즈니스 상황에서 '~하게 하다'라고 말하고 싶을 때는 'have'를 쓰는 것이 가장 안전**합니다. 각 상황에 맞춰 적절하게 활용하시기를 바랍니다.

📑 **MORE EXPRESSIONS**

나중에 저한테 이야기하러 오라고 그에게 전해줄래요?
- Could you have him come talk to me later?

우리 팀원들이 저를 도왔어요.
- I made my team members help me.

왜 일본 대신 싱가포르에서 일하시게 되었나요?
- What made you decide to apply for a job in Singapore instead of Japan?

제가 좀 더 생각해볼게요.
- Let me find out for you.

그를 좀 쉬게 해주실 수 있나요?
- Can you let him get some rest?

그를 보내려고 했지만, 그가 가지 않았어요.
- I tried to get him to go but he didn't.

UNIT 5
편하게 연락하는 관계를 만들고 싶다면

# Please don't hesitate to ask any questions.

망설이지 말고 뭐든 물어보세요.

A: I now understand how to manage effective cross-cultural communication.

이젠 다문화 사회에서 효과적으로 커뮤니케이션을 하는 방법을 알 것 같아요.

B: You are very welcome. I'm glad I could help.

별말씀을요.
도움을 드릴 수 있어서 제가 기쁘네요.

A: I guess I'll ask you sometime again, but I appreciate your kind support.

아마도 가끔씩은 다시 여쭤볼 것 같지만, 친절하게 도움 주셔서 감사합니다.

B: Please don't hesitate to ask any questions whenever you need any help from my end.

제 도움이 필요하시면, 망설이지 말고 뭐든 물어보세요.

A: I'll accept your kind offer. I really appreciate your kindness and great support.

그럴게요.
친절하게 도와주셔서 정말 감사합니다.

## 상대방이 편하게 질문할 수 있는 분위기를 조성한다

예전에 존경하던 선배에게 "비즈니스 영어에서 가장 중요한 것은 'accessible'이다"라는 말을 들은 적이 있습니다.

이때 'accessible'은 '누구나 편하게 다가와 이야기를 나눌 수 있는 상태'를 의미합니다. 말로는 쉬운 것 같지만, 실제로 그런 분위기를 만들기란 꽤 어렵습니다. 상담을 요청해도 '그건 안 돼'라며 허용하지 않는 사람, 끝까지 듣지도 않고 '당신에게도 문제가 있다'라고 비난하는 사람 등 'accessible'과 거리가 먼 사람이 상당히 많습니다.

하지만 간혹 'accessible'를 실천하는 사람도 있습니다. 그런 사람은 끝까지 이야기를 듣고 상대방의 생각을 이해해주는 등 이상을 현실로 실현하는 사람들이지요. 그들은 **"Please don't hesitate to ask any questions**.(망설이지 말고 뭐든 물어보세요.)"라는 말로, 편하면서도 진지한 사람이라는 인상을 줍니다.

### "don't hesitate to ~"의 활용

'hesitate'에는 '망설이다, 주저하다' 등의 의미가 있습니다. 그래서 "don't hesitate to ~"는 '망설이지 말고 ~하세요'라는 뜻을 나타내어 뭔가를 권할 때 씁니다. **'feel free to ~'** 역시 같은 의미입니다.

'feel free to ~'는 '자유롭게 ~하세요'라는 뜻으로, 결국은 '편하게 ~하세요'라는 뜻과 같습니다. 'feel free to ~'는 **"Please feel free to ask any questions**.(편하게 뭐든 질문하세요.)" 같은 형태로 비즈니스 현장에서 자주 등장합니다. 하지만 격식을 차리지 않은 느낌이 나서 동료나 가까운 친구 사이에서 주고받는 말처럼 들릴 수 있습니다. 저는 직속 상사보다도 지위가 높아 정중하게 말해야 하는 상대에게는 "don't hesitate to ~"를 씁니다.

어쩌면 '망설이지 마세요'라는 말이 윗사람이 아랫사람에게 말하는 어투로 느껴질 수도 있겠지만, 영어에서는 **대화 끝에 '망설이지 말고 질문하세요'나 '뭐든 물어보세요'라는 말을 덧붙이면** 그만큼 책임감을 갖고 일한다는 것을 보여주는 것입니다.

"don't hesitate to ~"나 'feel free to ~' 중 어떤 표현을 써도 괜찮습니다. 지위에 상관없이 쓸 수 있고, 다른 사람에게 좋은 인상을 주는 표현이므로 적극적으로 활용해보시기를 바랍니다.

### 📑 MORE EXPRESSIONS

질문이 있으시면 편하게 연락주세요.
- Please feel free to contact me with any questions.
- Kindly feel free to ask me if you need any clarification.
- Kindly let me know if you have any questions.

자세한 정보가 필요하시면 저에게 말씀하세요.
- Do let me know if you need any further information.

질문이 있으시면 뭐든 물어보세요.
- You can ask me any questions without hesitation.

4-6-6

# Could you please reply to me at your earliest convenience?

가능한 한 빨리 답변을 주시겠어요?

A: **Thank you so much for today!
It was a great meeting.
Would you kindly share with me
the slides you presented?**

오늘 정말 감사했습니다!
의미 있는 회의였어요. 발표하신 슬라이드를 공유해주실 수 있나요?

(2 days later)

(이틀 후)

A: **Could you please reply to me at
your earliest convenience?
I'd appreciate it if you'd share the
slides with me.**

가능한 한 빨리 답변을 주시겠어요?
그 슬라이드를 저에게 공유해주시면 감사하겠어요.

B: **Please accept my sincere apology
for this late response.
I have attached the slides.**

답변이 늦어진 점에 대해 사과드릴게요.
슬라이드를 첨부했어요.

A: **Thank you for your reply.
I sincerely appreciate everything
you've done for me.**

고맙습니다.
항상 도움을 주셔서 감사드려요.

**상대방의 상황을 고려해서 정중하게 부탁한다**

매우 급한 부탁을 할 때 'ASAP(as soon as possible의 약어)'를 쓰지요. 메일이나 SNS에서 자주 쓰이고 있습니다. 저 역시 자주 씁니다.

하지만 'ASAP'를 써도 상대방이 답변을 주지 않을 때가 있습니다. 첫 번째 이유는 윗사람이 아랫사람에게 말하는 느낌을 주기 때문입니다. 부탁을 명령으로 느끼게 하기 때문에, 상사나 고객에게 쓰기에는 적합하지 않습니다.

두 번째 이유는 '가능한 한 빨리'라고만 썼지 구체적으로 언제까지 필요한지를 알 수 없기 때문입니다. 얼마나 급한지는 사람마다 다르게 느낄 수 있지요.

실제로 저의 예전 상사 중 한 명은 '지금은 다른 일로 바쁘니 여유가 생기는 모레쯤 답변하겠다'라고 하면서 바로 답변을 주지 않은 적이 있습니다. 바쁘고 정신없는 와중에 받은 메일에서 배려 없는 표현을 보고 약간 기분이 상하기도 했을 것입니다.

따라서 정말 급한 일일 때는 "**Could you please reply to me at your earliest convenience?**(가능한 한 빨리 답변을 주시겠어요?)"라는 말로 상대방의 상황을 배려하면서 빠른 답변을 요청해야 합니다. 기한이 있다면 그에 대한 언급도 구체적으로 해주세요.

| ◯ | at one's earliest convenience | 상대방의 상황을 배려하면서 가능한 한 빨리 답변을 달라고 부탁한다. |
| ✕ | ASAP (=as soon as possible) | 윗사람이 아랫사람에게 말하는 인상을 풍겨 상대방의 기분을 상하게 할 수 있다. |

예를 들어 다음 주 중에 답변이 필요한 경우에는 "**Could you please reply to me by end of next week?**(다음 주 중에는 답변을 주시겠어요?)"을, 구체적인 기한이 있을 때는 "Could you please reply me by the 20th of December?(12월 20일까지는 답변을 주시겠어요?)"라고 말하면 됩니다.

### 📑 MORE EXPRESSIONS

시간이 되실 때 답변을 주시겠어요?
- Would you mind replying to me when you get a chance?

빠른 시일 안에 결정해주시면 좋겠습니다.
- Probably best to make your decision sooner rather than later.

바로 도움을 주시면 정말 감사하겠습니다.
- Your prompt support would be highly appreciated.

바로 이 문제를 처리해주시면 감사하겠습니다.
- I would be grateful if you could work on this issue immediately.
- I would be happy if you could work on this issue straight away.

# 상대방의 제안을
# 거절해야 할 때

● 가장 주의를 기울여야 할 표현 중 하나입니다. 앞으로의 인간관계에도 영향을 주므로, 세심하게 신경 써서 상황에 따라 적절한 표현 방식을 구사해야 합니다. 적어도 'No'라는 한마디로 상황을 정리하는 것만은 피하세요.

# I'm afraid I will not be able to attend the meeting.

아쉽지만, 전 회의에 참석하지 못할 것 같아요.

A: **We need to have a deep dive session with all key stakeholders.**

모든 관계자들과 면밀하게 검토해 봐야 합니다.

B: **Sounds great.**
**Actually, we have already planned the meeting for next Tuesday.**
**Can you join us?**

좋은 생각이에요.
사실 다음 주 화요일에 회의가 잡혀 있어요.
참석하시겠어요?

A: **I'm afraid I will not be able to attend the meeting.**
**I have several prior arrangements.**

아쉽지만, 전 회의에 참석하지 못할 것 같아요.
먼저 정해진 일이 여러 개 있어서요.

B: **No worries.**
**We will keep you updated.**

걱정 마세요.
회의 내용을 알려드릴게요.

---

아쉬운 마음을 충분히 전달한다

동료가 뭔가를 부탁하거나 친구가 어딘가에 초대하는 것은 기쁜 일입니다. 하지만 다른 일정이 있어서, 혹은 단순히 내키지 않아서 거절하고 싶을 때도 있지요. 그럴 때, "I can't.(힘들 것 같아.)" 혹은 "I don't like it.(별로 내키지 않아.)"

라고 말하면, 아무리 가까운 사이라도 실례가 될 수 있습니다.

친한 친구나 동료에게는 격식을 차리지 않아도 괜찮다고 하지만, 요청을 거절할 때는 정중하게 말하는 것이 좋습니다. "**I'm afraid I will not be able to attend the meeting**.(아쉽지만, 전 회의에 참석하지 못할 것 같아요.)"라며 참석하지 못하는 아쉬움을 드러내며 정중하게 거절합니다.

"I'm afraid" 구문으로 아쉽고 안타까운 마음을 나타낼 수 있습니다. 상대방의 마음을 헤아려서 **실망하지 않도록 신경 쓰는 표현**이기도 하지요.

### 다양하게 쓸 수 있는 "I'm afraid"

"I'm afraid"는 거절 의사를 밝힐 때뿐만 아니라 하기 힘든 말을 'Yes'나 'No'로 답해야 할 때도 쓸 수 있습니다.

가령 "Has the event been canceled?(그 행사는 취소됐나요?)"라는 질문을 받았다고 가정해봅시다. 모두가 힘들게 준비한 행사가 취소된 사실을 알려야 할 때, 'Yes'라는 한마디로 답하면 아주 냉정하게 들리겠지요. 이런 경우에는 "**I'm afraid so**.(아쉽지만, 그렇게 됐어요.)"라는 표현으로 조금 더 완곡하게 말합니다.

반대로 'No'라는 의미로 말하고 싶다면, "**I'm afraid not**.(아쉽지만, 힘들 것 같아요.)"라고 말합니다. "My flight was delayed, can I still catch the connecting flight?(비행기가 늦어졌는데, 연결 항공편을 탈 수 있을까요?)"라는 질문을 받았을 때, 상대방의 실망을 조금이라도 덜어주기 위해서 "I'm afraid not." 이라고 할 수 있겠지요.

또 'Yes'나 'No'로 하는 대답이 아니더라도 상대방이 충격을 받을 만한 정보를 알려야 할 때는 "**I'm afraid to say that ~**" 구문을 활용합니다.

회사에서 프로젝트를 도와달라는 부탁을 받았지만 거절할 수밖에 없는 상황이라면, "**I'm afraid to say that I will not be able to support you. Now is a very busy period of the year.**(아쉽지만 도와드릴 수 없을 것 같아요. 지금이 일 년 중에 아주 바쁜 시기거든요.)"라며 부드러운 어조로 거절하는 이유도 함께 설명합니다.

거절할 때의 포인트는 감사의 마음과 함께 미안하고 아쉬운 마음을 잘 표현해야 한다는 점입니다. 상대방의 기분을 헤아리면서 부드럽게 거절하는 분위기를 만들어야 합니다.

🗐 **MORE EXPRESSIONS** ───────────────────

아쉽지만, 제가 하기는 힘들 것 같아요.
• I'm afraid it is too much to ask of me.

아쉽지만, 이번 주 내내 바쁠 것 같아요.
• I'm afraid I am busy for the rest of this week.

아쉽지만, 당신의 제안을 받아들일 수 없어요.
• I'm afraid that I can't accept your proposal.

죄송하지만, 이번 주에는 시간이 없어요.
• I'm sorry, but I am not free this week.

죄송하지만, 제가 할 수 있는 일이 없어요.
• I'm sorry, but there is nothing I can do.

4-7-2

# I wish I could, but I really do not have enough time.

가고 싶지만, 정말 시간이 없어요.

A: **We appreciate all your support. We'd like to invite you to our annual luncheon next Friday.**

도와주셔서 감사합니다.
다음 주 금요일에 있을 연례 오찬에 초대하고 싶습니다만.

B: **I wish I could, but I really do not have enough time.**
**I hope you all will have a great time.**

가고 싶지만, 정말 시간이 없어요.
즐거운 시간 보내시기를 바랄게요.

A: **Well, we're sorry. Let us arrange a separate luncheon to talk about our business collaboration this year. We look forward to meeting you soon.**

아, 아쉽네요. 올해의 협업에 관해 이야기하는 자리를 따로 마련해볼게요. 조만간 뵐 수 있기를 기대하겠습니다.

B: **Absolutely! Again, thanks for your invitation!**

물론이에요! 초대해주셔서 다시 한 번 감사드립니다!

처음 만난 사람 혹은 상사가 바비큐 파티나 홈 파티 등에 개인적으로 초대
하거나 세미나 등 업무와 관련된 모임에 초대했을 때, 답변을 유야무야 넘
겨서는 안 됩니다. 거절할 생각이라면, 그 자리에서 분명하게 거절하는 것
이 좋습니다.

"I'm sorry, but ~", "I'm afraid" 구문으로 거절할 수도 있지만, 이 표현은
특히 처음 만난 사람이나 윗사람에게 쓰면 상대방에 대한 배려가 부족하
게 느껴집니다. 그 대신 **"I wish I could, but I really do not have
enough time.**(가고 싶지만, 정말 시간이 없어요.)"를 씁니다. 이 표현은 'I cannot'
이라는 직설적인 표현보다 '정말 가고 싶지만 힘들겠다'라는 아쉬운 마음을 조
금 더 명확하게 나타내며, '거절의 이유'를 설명하기에도 적절합니다.

**"I wish I could, but ~"**은 **"I'm sorry, but ~"**이나 **"I'm afraid"**보
다 더 정중하게 느껴집니다. '제가 할 수 있으면 좋겠지만, ~'이라는 뜻입니
다. 어쩔 수 없이 거절해야 하는 이유가 있고 그 이유를 상대방에게 말해도
된다면, "I wish I could, but ~"의 뒷부분에 그 이유를 넣으면 됩니다. 구
체적인 이유가 있다면 상대방은 더 쉽게 이해해주겠지요.

■■■■■■ 감사의 마음부터 전한다

초대를 거절할 때는 먼저 감사의 마음을 전합니다. **"Thanks for your
invitation!**(초대해주셔서 감사합니다!)", **"Thank you for inviting me to
the great event!**(이렇게 멋진 행사에 초대해주셔서 감사합니다.)" 등으로 말할 수 있
겠지요.

초대에 대한 감사의 뜻과 함께 함께할 수 없는 아쉬운 마음을 전하면, 정중
하게 거절하는 표현이 완성됩니다. **성실하고 진지한 태도로 거절하면, 상대방
은 여러분의 상황을 이해해주고 그 후에도 신뢰관계를 계속 유지할 수 있을 것**

입니다.

고립되기 쉬운 영어권에서는 누군가 말을 걸어주는 것만으로도 감사한 일이므로, 처음 만난 사람이나 윗사람의 초대, 부탁을 거절할 때는 "I wish I could, but ~"으로 정중하게 말합니다.

---

📑 **MORE EXPRESSIONS** ─────────────────

도와드리고 싶지만, 힘들 것 같아요.

- I wish I could help you, but I can't.

가고 싶지만, 일이 있어서요.

- I wish I could, but I have work.

가고 싶지만, 선약이 있어서요.

- I wish I could join you, but I have a prior engagement.

가고 싶지만, 아쉽게도 그날은 고객의 행사에 가야 해서요.

- I wish I could, but I'm afraid I have to go to my customer's event on that day.

가고 싶지만, 아쉽게도 그날은 매니지먼트 연수를 받으러 가야 해서요.

- I wish I could, but I'm afraid I have to participate in a management training on that day.

4-7-3

# I'd love to, but I have another appointment.

정말 가고 싶지만, 다른 약속이 있어요.

A: **Do we have any special events in the office today?**

오늘 사무실에서 특별한 행사라도 있나요?

B: **Yes, we are currently having a quarterly business partner conference here in the office.**

네, 지금 분기에 한 번씩 있는 사업 파트너 회의가 열리고 있어요.

A: **That's fantastic!**

정말 멋지네요!

B: **We will have a dinner reception. You are very much welcome to come.**
**Would you like to join us?**

저녁 만찬이 있을 건데, 오시면 정말 좋을 것 같아요.
저희와 함께하실래요?

A: I'd love to, but I have another appointment.
**Thanks for your invitation.**

정말 가고 싶지만, 다른 약속이 있어요.
초대해 주셔서 감사합니다.

■■■■ 아쉬운 마음을 적당히 표현한다

동료나 친구가 초대했지만, 도저히 참석할 수 없을 때는 호의에 고마운 마음을 표현한 뒤 거절합니다. 초대받는 것은 기쁘지만, 어쩔 수 없는 상황도 있으니까요.

그럴 경우에는 '정말 참석하고 싶다'라는 마음을 담아 **"I'd love to, but I have another appointment**.(정말 가고 싶지만, 다른 약속이 있어요.)"라고 말하면 됩니다.

**"I'd love to, but ~"은 "I wish I could, but ~"보다 더 편한 사이에 쓸 수 있는 말로, 친구나 친한 동료에게 쓰기에 적절합니다.** '정말 가고 싶지만, 아쉽게도 갈 수 없다'라는 뜻으로 상대방의 초대에 고마워하면서도 참석하지 못하는 아쉬운 마음을 표현합니다.

꼭 거절할 수밖에 없는 상황이라도 누군가에게 초대를 받으면 기분이 좋아지지요. 거절에 앞서 고마운 마음을 충분히 전하면, 상대방도 이해해줄 것입니다.

■■■■ 'like'보다는 'love'를 쓴다

영국에서 가장 많이 쓰는 단어 중 하나가 'lovely'라는 말이 있을 정도로 영어권 사람들은 긍정적인 단어를 좋아합니다. 그중에서도 'love'는 매우 긍정적인 의미를 지니고 있지요. 따라서 "I'd like to, but ~"의 'like'를 보다 더 긍정적인 단어인 'love'로 바꾸면, '참석하지 못해서 진심으로 안타까워하고 있는 마음'이 강하게 전달됩니다. 진심으로 참석하고 싶은 마음을 느낄 수 있게 말한다면, 거절당하는 상대방도 불쾌해하지는 않을 것입니다.

A: Would you like to attend a business seminar about "Starting Business in Asia" with us next week? (다음 주에 '아시아에서 창업하기'라는 주

제로 비즈니스 세미나가 열리는데, 우리와 함께 가실래요?)

**B: I'd love to, but I have a business trip next week!**

(정말 가고 싶지만, 다음 주에 출장이 있어요!)

'love'를 쓰면, 진심으로 초대에 응하고 싶다는 마음이 잘 전달됩니다. **"Unfortunately I can't join you, however, I'd be interested in learning how to start my own business. So let's go together next time.**(아쉽게도 함께하지 못하지만, 제 사업을 시작하는 방법에 대해 배우고 싶습니다. 다음에는 꼭 같이 가요.)"라며 매우 정중하게 말하면, 다음에 비슷한 기회가 있을 때 다시 초대해줄 것입니다.

하지만 이 말을 두세 번 반복하면, 상대방은 '사실은 가고 싶지 않은 것'이라고 단정하겠지요. 그러니 정말 필요한 경우에만 써야 합니다.

📋 **MORE EXPRESSIONS** ─────────────────

정말 가고 싶지만, 힘들 것 같아요.
- I'd love to, but I can't.

정말 가고 싶지만, 그날은 출장을 가야 해요.
- I'd love to, but I have to be on a business trip on the day.

정말 가고 싶지만, 지금은 예산이 빠듯해요.
- I'd love to, but money is a little tight right now.

정말 가고 싶지만, 오늘은 할 일이 있어요.
- I'd love to join, but I have something to do tonight.

정말 저녁을 함께하고 싶지만, 오늘 해야 할 일이 너무 많아요.
- I'd love to have dinner with you, but I have a lot of work that I need to do tonight.

## 위기를 기회로 만드는 사과의 기술

● 　　사과하는 표현은 "I'm sorry"가 대표적이지만, 그 외의 다양한 표현도 알아둬야 합니다. 상황에 따라 써야 하는 표현도 달라지므로, 적재적소에 맞는 표현을 구사하도록 세심하게 주의를 기울여야 합니다.

## CHAPTER 10

> **UNIT 1**
> 부탁받은 일을 잊어버렸다면

# I've been meaning to get back to you, however, I have been too busy.

다시 연락을 드리려고 했는데, 제가 너무 바빴어요.

A: I need the sales data from last year for my next presentation. Could you send it to me?

다음 발표 때문에 작년 판매 실적 자료가 필요합니다.
저에게 보내주실 수 있나요?

B: Sure. However, I'm so busy right now. Let me send it later.

그럼요. 그런데, 지금 제가 너무 바빠서요. 나중에 보내드릴게요.

(Happening to meet in the office 1 week later)

(일주일 후, 사무실에서 우연히 만나서)

B: Regarding your request, I've been meaning to get back to you, however, I have been too busy.

부탁하신 일 말인데요. 다시 연락을 드리려고 했는데, 제가 너무 바빴어요.

A: Don't worry about it.
We got the necessary information.
Now it's going well.

걱정하지 마세요.
필요한 정보는 얻었습니다. 지금 준비가 잘되고 있어요.

B: That's great. Now I can finally relax.
Let me know without hesitation whenever you need my help.

다행입니다. 이제는 좀 여유가 생겼어요.
제 도움이 필요하시면 망설이지 말고 연락주세요.

■■■■ 잊어버린 점에 대해 진심으로 사과한다

부탁받은 일을 처리하려고 했지만, 너무 바빠서 잊어버릴 때가 종종 있지요. 누구나 그럴 수는 있지만, 잊어버린 데 대한 반성은 분명 필요합니다. 가끔은 마음이 있어도 사정상 어쩔 수 없는 상황도 있지요.

그럴 때는 "**I've been meaning to get back to you, however, I have been too busy.**(다시 연락을 드리려고 했는데, 제가 너무 바빴어요.)"라는 표현이 유용합니다. "I've been meaning to ~"는 '~을 하려고 했다'라는 뜻으로, 처리하고자 했으며 그 일이 내내 마음에 걸렸다는 뉘앙스를 풍기면서 사과하는 표현입니다.

변명을 하라는 뜻이 아닙니다. 자신의 잘못을 깨끗하게 인정하는 것이 전제가 되어야 합니다. 글로벌 비즈니스 세계에서는 뛰어난 성과를 내는 것만큼 대등한 관계성도 중요합니다. 그러기 위해서는 잘못을 인정하고 깨끗하게 사과하되 비굴하게 굴 필요는 없습니다.

■■■■ "I meant to get back to you"는 피한다

"I've been meaning to ~" 대신 "I meant to get back to you"처럼 단순 과거시제로 나타내면, '이전에는 답변을 할 생각이었지만, 지금은 그렇지 않다'라는 뉘앙스를 풍기게 됩니다.

대신 "I've been meaning to ~"라는 표현은 '과거의 특정 시점부터 지금까지 내내 답변할 생각을 하고 있다'라는 의미입니다. 단순히 하지 못한 사정을 설명하는 것이 아닙니다. 과거부터 현재까지 상대방의 요청을 가볍게 여기지 않고 계속 기억하고 있었음을 알려야 합니다. 변명으로 여겨지지 않고 사과하는 사람의 성의를 느낄 수 있게 **진지한 태도로 사과해야 합니다.**

다시 연락을 드리려고 했는데, 제가 너무 바빴어요.

- I have been meaning to call you for a while, however, unfortunately, I have been too busy.

이 사실을 알려드리려고 했는데, 몇 주 동안 출장을 다녀왔어요.

- I have been meaning to share this with you, however, I've been on a business trip for several weeks.

이직에 관해 상의를 드리려고 했는데, 기회가 없었어요.

- I have been meaning to consult with you about my career change, however, the opportunity never arose.

상의를 드리려고 했는데, 하지 못했네요.

- I have been meaning to consult with you, however, I couldn't manage this.

여쭤보려고 했는데, 항상 너무 바빠 보이셨어요.

- I have been meaning to ask you, however, you are always so busy.

# I am sorry for the delay in my response.

답변이 늦어서 죄송합니다.

A: **Have you had a chance to see my email?**
I am sorry for the delay in my response.

제가 보낸 이메일을 확인해보셨나요? 답변이 늦어서 죄송합니다.

B: **That's all right.**

괜찮아요.

A: **Please let me know if you have any questions.**
**I'll respond to you at my earliest convenience next time.**

질문이 있으시면 연락주세요.
다음에는 가능한 한 빨리 답변을 드릴게요.

B: **Thanks. I really appreciate your kind support.**

고맙습니다. 도움 주셔서 정말 감사드립니다.

'I am sorry for ~'를 활용한다

영어로 사과할 때는 항상 예의 있게 해야 합니다. 평소에는 글로벌 사회의 상식에서 살짝 벗어난 발언을 해도 어느 정도는 이해받을 수 있습니다. 하지만 사과할 때는 조금 예의에 벗어난 행동도 이해받기 어렵습니다. 사과의 말을

309

가볍게 건네면 외국인들은 무례하다고 생각하여 더 화낼지도 모릅니다.

영어로 "Sorry.", "Very sorry." "Sorry about that." 등 내용을 생략하면 가벼운 사과로 느껴지므로 비즈니스 현장에서는 환영받지 못합니다.

그럴 때는 "**I am sorry for the delay in my response.**(답변이 늦어서 죄송합니다.)", "**We are sorry for causing so much trouble.**(문제를 일으켜서 죄송합니다.)"라고 말합니다.

비즈니스 세계에서 요구되는 정중한 태도를 보이고 싶다면, '**I am sorry for ~**', '**I am sorry to ~**', '**I am sorry that ~**' 뒤에 무엇을 사과하는지 덧붙이는 것이 중요합니다.

**"I'm sorry."가 적절하지 않은 이유**

영어로 사과할 때 자신도 모르게 "I'm sorry."라고 말할 수 있으므로 주의해야 합니다. "I'm sorry."만으로는 너무 가볍게 느껴져 마치 어린아이의 말투처럼 들릴 수도 있습니다. 사적으로 쓰기에는 아무 문제가 없지만, 윗사람에게나 비즈니스 석상에서 공식적으로 사과할 때는 피하는 것이 좋습니다.

만약 큰 실수를 저질렀다면, 'apologize', 'apology', 'regret'을 활용하여 최대한 정중한 표현으로 사과해야 합니다.

또 정말 자신의 잘못을 인정한다면, "I am sorry"에 '**truly/terribly/ awfully/extremely/sincerely**'를 덧붙여 진심으로 반성하고 있음을 전합니다.

"I am sincerely sorry that I couldn't review the document by the due date yesterday.(마감 기한인 어제까지 서류를 확인하지 못해서 정말 죄송해요.)"라고 사과하면 되겠지요. 'sincerely'를 넣어 진심으로 미안한 마음을 전하세요. 비

즈니스 관계자에게 사과할 때는 말을 생략하지 말고 상황에 맞게 적절하고 예의 있는 표현을 써야 합니다.

### 📑 MORE EXPRESSIONS

문제를 일으켜서 죄송합니다.
- I am sorry for causing so much trouble.

지난주가 휴가여서 답변을 더 빨리 드리지 못해서 죄송합니다.
- I am sorry that I could not get back to you sooner as I was on vacation last week.

이 문제로 불편을 끼쳐드려 죄송합니다.
- I am sorry for any inconvenience this issue may have caused.

요구 사항을 들어드리지 못해서 정말 죄송합니다.
- I am truly sorry that I could not meet your demands.

어제 회의에 참석하지 못해서 대단히 죄송합니다.
- I am extremely sorry that I missed the meeting yesterday.

**UNIT 3**
사외 사람에게 사과할 때 적절한 표현

# I apologize for my mistakes.
저의 실수에 대해 사과드립니다.

A: **I apologize for my mistakes.**
**I emailed you the incorrect estimate.**
**Kindly review the revised estimate.**

저의 실수에 대해 사과드립니다. 잘못된 견적서를 메일로 보내드렸습니다.
수정된 견적서로 검토해주시길 부탁드릴게요.

B: **I'm afraid if I can persuade my manager to approve the revised estimate because the price has increased by 10%.**

아쉽게도 가격이 10% 인상돼서 수정된 견적서를 승인하려면 상사를 설득해야 해요.

A: **Please accept my sincere apology.**
**I appreciate your kind understanding and support.**

진심으로 사과드립니다.
제 입장을 이해하고 도와주시면 감사하겠습니다.

B: **Ok... I'll only allow it this time.**
**I'll ask my manager again.**

알겠습니다······, 이번에만 그렇게 하도록 하죠.
다시 상사와 이야기해보겠습니다.

A: **I sincerely appreciate your kind understanding.**

이해해주셔서 정말 감사드립니다.

### 사과할 때는 'apologize'를 쓴다

사과할 때는 특히 더 예의 바른 태도가 필요합니다. 'sorry'는 비교적 가벼운 사과 표현에 해당하므로, 상사나 고객 혹은 누군가에게 공식적으로 사과할 때 쓰기에는 적절하지 않습니다. 비즈니스 현장에서 사과할 때는 **'apologize', 'apology', 'regret'**를 씁니다.

먼저 각 표현이 얼마나 정중하고 격식 있는지 살펴보면 다음과 같습니다. 'sorry < apologize/apology < regret'

| | |
|---|---|
| **sorry** | 가장 덜 정중하고 비격식적인 뉘앙스를 풍기므로 비즈니스 상황에서 쓰기에는 적절하지 않다. 하지만 사적으로 자신의 잘못을 진지하게 인정하고 사과할 때 쓸 수 있다. |
| **apologize / apology** | 'sorry'보다 정중한 표현이다. 'sorry'처럼 반성과 후회의 감정을 담고 있지는 않으며, 비즈니스 현장에서 일반적인 사과 표현으로 쓰인다. |
| **regret** | 가장 정중한 표현으로, 비즈니스 현장에서 쓰기에 적절하다. |

거래처 관계자나 고객에게 사과할 때는 "**I apologize for my mistakes. / Please accept my apology for my mistake.**(저의 실수에 대해 사과드립니다.)"처럼 'apologize'나 'apology'를 씁니다.

### 'sorry'와 'apologize'의 차이점

'sorry'와 'apologize'에는 정중함 외에도 큰 차이가 있습니다. 'apologize'는 형식적인 사과에 쓰이는 정형화된 표현이므로, 극단적으로 말하면 본인에게 진심으로 사과할 마음이 있는지 없는지에 상관없이 쓸 수 있습니다. 반면 'sorry'는 잘못을 인정하고 용서를 비는 인상을 줍니다.

여담으로 미국의 정치가들은 사과할 때 'sorry'를 쓰지 않고, 대부분 'apologize'를 쓴다고 합니다. 불상사를 일으키거나 세상을 떠들썩하게 한 점을 '유감스럽게 생각할 뿐'이라는 뜻일까요? 여하튼 자신의 잘못을 인정하고 용서를 빌 때 쓰는 'sorry'를 쓰는 사람은 찾아보기 힘들다는 말이 있다고 하네요. 'apologize'는 사과할 때 쓰는 일반적인 표현답게 사과의 마음과 어른으로서 갖춰야 하는 상식을 느끼게 합니다.

정말로 자신에게 잘못이 있어 진심으로 용서를 빌고 싶다면, 저는 일부러 'sorry'를 써서 "I am sincerely sorry."라고 말합니다. 그리고 결과적으로 사과 이후에 전보다 더 관계가 좋아지기도 합니다. 비즈니스 상황에서 사과할 때는 'apologize'를 쓰는 것이 일반적이지만, 'sorry'의 정확한 용법에 대해서도 알아두면 좋겠습니다.

### 📑 MORE EXPRESSIONS

기다리시게 해서 죄송합니다.
- I apologize for keeping you waiting.

불편을 드려서 정말 죄송합니다.
- I sincerely apologize for the trouble this has caused you.

제 잘못에 대해 용서해주시기를 바랍니다.
- Please accept my deep apology for my mistake.

오해를 일으킨 점에 대해 깊이 사과드립니다.
- Please accept my sincere apology for any misunderstanding.

진심으로 사과드리고 싶습니다.
- I would like to convey my sincerest apology to you.

4-8-4

# I regret that I was not able to meet your expectations.

기대에 부응하지 못해서 정말 죄송합니다.

A: **I regret that I was not able to meet your expectations.** Could you possibly allow me to have another chance?

기대에 부응하지 못해서 정말 죄송합니다.
다시 한번 기회를 주실 수 있을까요?

B: Sure. How can you improve this time?

물론입니다.
이번에는 어떤 점을 개선할 예정인가요?

A: Let me try it again in a different way. I'll reconsider the recovery plan and get back to you shortly.

다른 방법으로 시도해볼 생각입니다. 만회할 방법에 대해 다시 생각해보고 곧 말씀드릴게요.

B: I understand. I look forward to hearing your immediate update.

알겠어요. 빨리 답변을 들을 수 있었으면 좋겠네요.

A: Certainly. I'll take immediate action to recover the project.

알겠습니다. 프로젝트를 빨리 만회하기 위해 노력하겠습니다.

**사과 표현 중 가장 정중한 느낌을 주는 말은 'regret'입니다.** 'regret'은 '유감스럽게 여기다, 후회하다'라는 의미를 나타냅니다.

일반적인 사과 표현에서 'sorry'보다는 'apologize'가, 'apologize'보다는 'regret'이 더 정중하게 느껴집니다. 구두로 사과할 때는 어투나 표정 등도 중요합니다. 글로벌 사회에서는 'Self-Critical'(항상 스스로를 경계하고, 성찰하며, 자기 성장과 개선을 위해 노력하는 태도)'이 필요하므로, 스스로를 잘 돌아볼 줄 알아야겠습니다. 저와 함께 일하는 마이크로소프트의 동료들은 자신의 잘못을 인정하는 표현인 'very sorry'나 'truly sorry'를 씁니다.

하지만 메일로 사과할 때는 'apologize'나 'regret'을 쓰는 것이 무난합니다. 특히 자신이나 회사의 잘못으로 큰 문제가 발생했을 때는 **"We regret that we sent you the wrong product.**(제품을 잘못 보내드려서 정말 죄송합니다.)"처럼 'regret'을 활용하면 됩니다.

사과할 때는 잘못의 원인과 앞으로의 대책에 대해서도 덧붙이는 것이 좋습니다. 정중하게 사과하고 앞으로도 관계를 이어나가고 싶은 바람을 담아 성실하고 진지한 태도로 말해야 합니다. 그러므로 사과할 때는 이렇게 해보세요.

- 사과하는 말

  **I regret the large number of mistakes in the quotation.**
  (견적서에 여러 가지 실수를 저질러 대단히 죄송합니다.)

- 잘못의 원인

  **I accidentally referred to the wrong exchange rate.**
  (어쩌다 잘못된 환율을 참고했습니다.)

• 앞으로의 대처법

**I will send you a revised quotation immediately.**
(수정한 견적서를 바로 보내드리겠습니다.)

**I will make every effort to ensure this mistake won't happen again by cross-checking the quotations amongst the team.**
(팀원들과 견적서를 교차 검토해서 다시는 이런 실수가 일어나지 않도록 최선을 다하겠습니다.)

글로벌 사회에서는 한계를 뛰어넘는 도전을 장려하기 때문에, 실패는 당연히 발생할 수밖에 없습니다. '실패는 성공의 어머니'라는 말도 있지요. 그러니 실패를 어떻게 피하는지가 아니라 실패에 어떻게 대처하는지가 더 중요합니다. 큰 실수를 저질러도 진지한 태도로 진심을 담아 사과하세요.

📑 **MORE EXPRESSIONS** ─────────

초대에 응하지 못해서 정말 죄송합니다. 귀사의 10주년 기념식이 최고의 행사가 되기를 바랍니다.
• I regret that I cannot accept your invitation, and wish you the best on your company's 10th anniversary.

그런 큰 실수를 저질러서 정말 죄송합니다.
• I deeply regret that I made such a big mistake.

지연으로 인해 불편을 끼쳐드려서 정말 죄송합니다.
• I very much regret any inconvenience caused by the delay.

제품을 잘못 보내드려서 정말 죄송합니다.
• I would like to express my deep regrets for sending the wrong product.

프로젝트의 진행 상황을 계속 보고하지 못해서 정말 죄송합니다.
• I'd like to express my sincere regret for not keeping you updated on the progress of this project.

UNIT 5
실수한 동료에게 힘을 북돋우는 한마디

# No worries. It happens to the best of us.

신경 쓰지 마세요. 누구에게나 일어날 수 있는 일이에요.

(상황 1)

A: I have serious customer complaint. I don't know how to handle this kind of matter.

고객이 강하게 불만을 제기했어요. 이런 문제에는 어떻게 대응해야 할지 모르겠네요.

B: No worries. It happens to the best of us. Leave it to me.

신경 쓰지 마세요. 누구에게나 일어날 수 있는 일이에요. 제가 처리할게요.

(상황 2)

C: I've tried so many times, but I still can't manage to persuade the customer. I need your expertise to close this deal.

여러 번 시도해봤지만, 아직도 고객을 설득하지 못했어요. 이 일을 매듭짓기 위해서는 당신의 전문 지식이 필요할 것 같네요.

D: No worries. It happens to the best of us.
I'd be happy to support you as needed.

신경 쓰지 마세요. 누구에게나 일어날 수 있는 일이에요.
필요하시다면 제가 도와드릴게요.

■■■ 상대방을 위로하고 문제 해결 방법을 생각한다

일상을 살아가면서 우리는 실수를 저지르기도 하고, 다른 사람에게 피해를 주기도 합니다. 사람은 누구나 실수와 실패를 경험하기 때문에, 때로는 자신이 사과를 해야 할 때도 있고 반대로 누군가에게 사과를 받을 때도 있습니다. 실수한 사람을 책망해도 아무것도 바뀌지 않습니다. **중요한 점은 그 실수를 어떻게 만회할 것인지, 대처 방법을 생각하는 것**입니다.

또 실수를 저질러 좌절하고 있는 사람을 격려하는 것도 중요합니다. 상대방의 실수를 용서하고 힘을 북돋우는 한마디를 건네며 주변 사람들과 협력하여 문제를 해결해야 합니다. 그래야 주변 사람들이 실수를 저질러도 숨기지 않고 보고할 수 있는 환경이 만들어집니다.

자신이 큰 피해를 입지 않은 사소한 실수에는 '걱정하지 말라'는 의미로 **"No worries."**, **"Don't worry."**, **"No problem."** 등을 쓸 수 있습니다. 또 '별문제가 아니다'라는 뜻의 **"It doesn't matter."**, **"It's not a big deal."**도 있습니다. 이들은 비격식적인 표현이므로 고객이나 친하지 않은 상사에게는 쓰지 않는 것이 좋습니다. 윗사람에게 말할 때는 **"Please don't be sorry."**라고 말합니다. 'please'를 붙여 더 정중한 표현으로 만드는 것을 잊지 마세요.

평소에 저는 친밀하고 친절한 뉘앙스를 풍기는 "No worries."를 자주 씁니다. "No worries."를 써서 실수해서 주눅 든 동료에게 말을 걸지요. **"No worries. It happens to the best of us.**(신경 쓰지 마세요. 누구에게나 일어날 수 있는 일이에요.)"라는 말로 그 사람을 격려합니다.

■■■ "No worries."에 덧붙이는 말에도 유의한다

사과하는 상대방에게 책임이 없을 때는 '자책하지 말라'는 마음을 담아 **"It's not your fault."**를 덧붙일 수 있습니다. 한발 더 나아가 상대방이 사과할

필요가 없을 경우에는 "**Don't be sorry.**", "**You don't need to be sorry.**", "**There's no need to apologize.**" 등을 쓸 수 있습니다.

또한 큰 실수를 저질러도 '숨기지 않고 알려줘서 고맙다'라는 뜻을 전하고 싶다면, "**Thank you for stepping forward.**", "**Thank you for informing me of that.**", "**Thank you for letting me know about that.**" 등의 표현을 씁니다.

일을 하다 보면 누구나 실수할 수 있습니다. 지금은 자신이 피해를 입었더라도 다음에는 자기가 잘못을 저지를 수도 있다는 점을 생각하면서 실수해서 우울해하고 있는 동료에게 따뜻한 격려의 말 한마디를 건네주세요.

### 📑 MORE EXPRESSIONS

걱정하지 마세요. 누구에게나 일어날 수 있는 일이에요.
- Don't worry. It could happen to anyone.

괜찮아요. 누구나 실수할 수 있어요.
- No problem. These are things that anyone can be tripped by.

별일 아니에요. 누구에게나 일어날 수 있어요.
- It's not a big deal. This happens to everybody.

당신 탓이 아니에요. 누구나 실수할 수 있어요.
- It's not your fault. Anyone can make mistakes.

알려줘서 고마워요. 누구에게나 일어날 수 있는 일이에요.
- Thank you for stepping forward. It could happen to the best of us.